5 ASTUCES POUR DÉMARRER !

1) COMMENT RÉSOUDRE LES MOTS MÊLÉS

Les puzzles sont dans un format classique :

- Les mots sont cachés sans espaces, tirets, ...
- Orientation : Les mots peuvent être écrits en avant, en arrière, vers le haut, vers le bas ou en diagonale (ils peuvent être inversés).
- Les mots peuvent se chevaucher ou se croiser.

2) UN APPRENTISSAGE ACTIF

Un espace est prévu à côté de chaque mots pour noter la traduction. Pour favoriser un apprentissage actif un **DICTIONNAIRE** à la fin de cette édition vous permettra de vérifier et étendre vos connaissances. Cherchez et notez les traductions, trouvez-les dans le Puzzle et ajoutez-les à votre vocabulaire !

3) MARQUEZ LES MOTS

Vous pouvez inventer votre propre système de marquage. Peut-être en utilisez-vous déjà un ? Sinon, vous pourriez, par exemple, marquer les mots qui ont été difficiles à trouver d'une croix, ceux que vous avez aimés d'une étoile, les mots nouveaux d'un triangle, les mots rares d'un diamant, etc...

4) STRUCTUREZ VOTRE APPRENTISSAGE

Cette édition vous offre un **CARNET DE NOTES** très pratique à la fin du livre. En vacances ou en voyage ou à la maison, vous pouvez facilement organiser vos nouvelles connaissances sans avoir besoin d'un second bloc-notes !

5) VOUS AVEZ FINI TOUTES LES GRILLES ?

Allez à la section bonus **CHALLENGE FINAL** pour trouver un jeu gratuit à la fin de cette édition !

Simple et Rapide ! Découvrez notre collection de livres d'activités pour votre prochain moment de détente et **d'apprentissage**, à juste un clic de distance !

Trouvez votre prochain défi sur :

BestActivityBooks.com/MonProchainLivre

À vos marques, prêts... Partez !

Saviez-vous qu'il existe environ 7 000 langues différentes dans le monde ? Les mots sont précieux.

Nous aimons les langues et avons travaillé dur pour créer les livres de la plus haute qualité pour vous. Nos ingrédients ?

Une sélection des thématiques d'apprentissage adaptée, trois belles parts de divertissement, puis nous ajoutons une cuillère de mots difficiles et une pincée de mots rares. Nous les servons avec soin et un maximum de plaisir pour vous permettre de résoudre les meilleurs jeux de mots mêlés qui soient et d'apprendre en vous amusant !

Votre avis est essentiel. Vous pouvez participer activement au succès de ce livre en nous laissant un commentaire. Nous aimerions vraiment savoir ce que vous avez préféré dans cette édition !

Voici un lien rapide qui vous mènera à la page d'évaluation de vos commandes :

BestBooksActivity.com/Avis50

Merci pour votre aide et amusez-vous bien !

De la part de toute l'équipe

1 - Adjectifs #2

```
U T A L E N T O W A N Y A P
E L E G A N C K I Ł M N U R
H M U T M Z D A G V P L T O
D R A M A T Y C Z N Y A E D
Z K D R T W N W U Y Z R N U
K D E Y W V W B O Y C U T K
D N R N Z P A U V N R T Y T
Z K I O C M Ł G P N Ó A C Y
I U N Ł W X S L J E W N Z W
K Ł E S X Y N L I S T A N N
I Y A U O P I S O W Y B Y Y
Q D Y C Ą J U S E R E T N I
Ł K C H P O T Ę Ż N Y W J F
U H Y Y C Z Y S T Y N M U D
```

AUTENTYCZNY	NATURALNY
SŁAWNY	NOWY
TWÓRCZY	PRODUKTYWNY
OPISOWY	POTĘŻNY
UTALENTOWANY	CZYSTY
DRAMATYCZNY	ZDROWY
ELEGANCKI	SŁONY
DUMNY	DZIKI
SILNY	SUCHY
INTERESUJĄCY	SENNY

2 - Formes

```
P K R A W Ę D Z I E T C F V
G R E D N I L Y C P Ą O I Ł
Ł O Y T T U K O B K K F M B
S B F Z J D E N P R O O R N
I J S M M M Ż A I Z T E Ł W
H X O N E A O R R Y S O W O
X I Y B D I T O A W O O I T
O Z P A T N S Ż M A R W E R
K W V E C I A N I L P A L Ó
M O N U R L L I D U Y L O J
V X T Q S B J K A K Q Y K K
Ł U K H C K O E M P S G Ą Ą
E L I P S A Z L F Y R H T T
Q Q Q P Q I N T A R D A W K
```

ŁUK
KRAWĘDZIE
KWADRAT
KOŁO
NAROŻNIK
KRZYWA
STOŻEK
BOK
CYLINDER
ELIPSA

HIPERBOLA
LINIA
OWAL
WIELOKĄT
PRYZMAT
PIRAMIDA
PROSTOKĄT
KULA
TRÓJKĄT

3 - Force et Gravité

```
W  N  S  S  S  I  E  I  O  G  C  L  F  R
Y  Ł  P  L  A  N  E  T  Y  Ś  I  O  T  H
Ł  G  A  U  Z  J  J  K  J  V  Ś  Ł  F  Ł
P  M  G  Ś  C  V  Ł  U  L  C  N  N  N  I  E
W  A  A  E  C  D  R  U  C  H  I  T  Z  E
S  G  W  K  L  I  Y  S  T  R  E  M  Y  O
Z  N  S  K  Z  P  W  I  Z  J  N  E  K  R
L  E  I  C  R  A  T  O  V  V  I  C  A  B
F  T  Y  I  L  I  T  P  Ś  K  E  H  A  I
T  Y  L  M  U  R  T  N  E  C  J  A  C  T
C  Z  O  D  K  R  Y  C  I  E  I  N  W  A
O  M  E  K  S  P  A  N  S  J  A  I  L  A
D  Y  N  A  M  I  C  Z  N  Y  R  K  L  K
U  N  I  W  E  R  S  A  L  N  Y  A  B  K
```

OŚ	RUCH
CENTRUM	ORBITA
ODKRYCIE	FIZYKA
DYNAMICZNY	PLANETY
EKSPANSJA	WAGA
TARCIE	CIŚNIENIE
WPŁYW	WŁAŚCIWOŚCI
MAGNETYZM	CZAS
MECHANIKA	UNIWERSALNY

4 - Adjectifs #1

```
A C I E N K I P C N A W D A
E T W M Z J F I I I R U O B
G O R L I Y O Ę Ę E T C S S
Z M N A A N R K Ż W Y Z K O
O I O N K Z A N K I S C O L
T P W B K C A Y I N T I N U
Y O O W J Y Y B I N Y W A T
C W C H Ł T N J Y Y C Y Ł N
Z O Z O C A T Q N L Z T Y Y
N L E J E M I Y W Y N Ż A W
Y I S N D O B Q Y D Y S M R
X N N Y Y R M Ł T O U E N S
L W Y A C A A C K Ł V D A L
O G R O M N Y L A M T B Q R
```

ABSOLUTNY	UCZCIWY
AKTYWNY	WAŻNY
AMBITNY	NIEWINNY
AROMATYCZNY	MŁODY
ARTYSTYCZNY	POWOLI
ATRAKCYJNY	CIĘŻKI
PIĘKNY	CIENKI
EGZOTYCZNY	NOWOCZESNY
OGROMNY	DOSKONAŁY
HOJNY	

5 - Instruments de Musique

```
A J Q S J C Z O A R A T I G
T S T D B Ę B E N F H E N N
M A F R A H E W I I X L X O
P K M T E N R A L K N F Q G
U B Y B V A K I O J N A B Q
Z Ą J M U T N T D Z O S I F
O R L Q H R K W N P F K M P
N T O G A F Y G A C O R A O
W T H Y Q E P N M W S Z R Ł
H A R M O N I J K A K Y I R
P E R K U S J A Ó X A P M I
I R V R H Y V I G B S C B K
D X D S E T Z D R C O E A M
W I O L O N C Z E L A M E R
```

BANJO	MARIMBA
FAGOT	PERKUSJA
KLARNET	PIANINO
FLET	SAKSOFON
GONG	BĘBEN
GITARA	TAMBURYN
HARMONIJKA	PUZON
HARFA	TRĄBKA
OBÓJ	SKRZYPCE
MANDOLINA	WIOLONCZELA

6 - Herboristerie

```
K  I  N  D  A  Ł  K  S  U  B  S  R  T  E
E  O  L  A  W  E  N  D  A  A  Z  O  Y  S
S  A  P  K  B  G  A  Ó  T  Z  A  Z  M  T
M  L  Y  E  N  B  L  R  Ę  Y  F  M  I  R
A  R  O  Q  R  Ł  Z  G  I  L  R  A  A  A
K  S  M  S  M  W  C  O  M  I  A  R  N  G
K  W  I  A  T  H  Ł  L  Z  A  N  Y  E  O
W  C  O  N  B  Ć  Ś  O  K  A  J  N  K  N
T  E  E  L  S  Y  N  T  S  Y  Z  R  O  K
C  Z  O  S  N  E  K  I  M  K  A  H  A  S
P  I  E  T  R  U  S  Z  K  A  I  L  Z  Z
C  O  I  A  R  O  M  A  T  Y  C  Z  N  Y
K  U  L  I  N  A  R  N  Y  J  Ł  N  Z  Ł
M  A  J  E  R  A  N  E  K  D  A  X  O  S
```

CZOSNEK	LAWENDA
AROMATYCZNY	MAJERANEK
BAZYLIA	MIĘTA
KORZYSTNY	PIETRUSZKA
KULINARNY	JAKOŚĆ
ESTRAGON	ROZMARYN
KOPER WŁOSKI	SZAFRAN
KWIAT	SMAK
SKŁADNIK	TYMIANEK
OGRÓD	

7 - Véhicules

```
K Q H T Q E K K T X U U D O
R A K I E T A A S R T A X I
O K G J P Ł D R B I A X D Y
P W Ą P D Q Q A Q M L T G V
O Ó I D O Q K W N W C N W Ł
N R C J Ł I N A W R B U I A
Y A O R T E M N Ł P K E R K
D Ż P R O M T A S K U T E R
R Ę A U T O B U S M Ź J D S
O I Ł Ó D Ź P O D W O D N A
W C E I W O Ł G I M Ś K Ó D
E Q C I Ą G N I K Y C J K Ł
R Q C F Y S A M O L O T Z L
A M B U L A N S X D Ł S F U
```

AMBULANS	SILNIK
SAMOLOT	OPONY
ŁÓDŹ	TRATWA
AUTOBUS	SKUTER
CIĘŻARÓWKA	ŁÓDŹ PODWODNA
KARAWANA	TAXI
PROM	CIĄGNIK
RAKIETA	POCIĄG
ŚMIGŁOWIEC	ROWER
METRO	

8 - Camping

```
O  P  P  Y  F  L  F  N  T  E  K  L  C  J
C  N  J  H  M  H  J  B  O  H  O  I  K  E
O  P  O  L  O  W  A  N  I  E  M  N  W  Z
U  G  O  W  A  D  R  V  M  X  P  A  H  I
N  S  I  F  O  T  Ó  H  A  E  A  V  Q  O
S  Y  M  E  F  Ł  G  E  N  R  S  D  X  R
H  R  M  K  Ń  K  A  P  E  L  U  S  Z  O
A  A  P  A  M  L  A  T  A  R  N  I  A  Y
B  N  M  J  S  K  S  I  Ę  Ż  Y  C  F  J
L  I  M  A  P  P  Z  W  I  E  R  Z  Ą  T
A  B  A  K  K  Ł  R  N  A  T  U  R  A  R
S  A  A  D  O  G  Y  Z  R  P  C  P  G  Q
T  K  W  D  V  B  B  A  Ę  O  X  L  B  M
Z  R  G  U  T  H  P  S  W  T  S  J  V  M
```

ZWIERZĄT	OGIEŃ
PRZYGODA	LAS
KOMPAS	HAMAK
KABINA	OWAD
KAJAK	JEZIORO
MAPA	LATARNIA
KAPELUSZ	KSIĘŻYC
POLOWANIE	GÓRA
LINA	NATURA
SPRZĘT	NAMIOT

9 - Écologie

```
K  F  E  C  U  F  A  B  Ć  Z  J  O  O  D
X  L  F  L  O  R  A  A  Ś  A  P  D  I  H
C  G  I  C  O  F  S  G  O  S  R  M  K  S
D  E  C  M  G  X  G  N  N  O  O  I  E  K
D  C  Ś  R  A  X  N  O  D  B  Ś  A  I  F
P  M  O  O  Z  T  A  V  O  Y  L  N  N  O
T  O  N  F  R  C  T  E  R  E  I  A  A  K
P  R  Z  X  G  M  U  Y  O  X  N  U  W  S
C  S  C  S  V  O  R  G  N  J  Y  H  R  I
S  K  E  N  U  T  A  G  Ż  V  Z  H  T  L
U  I  Ł  G  Ó  R  Y  M  Ó  F  F  U  E  D
S  W  O  L  O  N  T  A  R  I  U  S  Z  E
Z  C  P  N  A  T  U  R  A  L  N  Y  R  I
A  V  S  F  A  U  N  A  S  Y  C  P  P  S
```

WOLONTARIUSZE	MORSKI
KLIMAT	GÓRY
SPOŁECZNOŚCI	NATURA
RÓŻNORODNOŚĆ	NATURALNY
GATUNEK	ROŚLINY
FAUNA	ZASOBY
FLORA	SUSZA
SIEDLISKO	PRZETRWANIE
BAGNO	ODMIANA

10 - Géométrie

```
F  Ł  C  B  O  B  G  Q  E  Ś  O  W  P  J
P  I  O  N  O  W  Y  B  I  R  B  Y  O  R
K  O  Ł  O  J  T  V  K  N  E  L  S  W  Z
C  Z  Ł  O  N  M  A  S  A  D  I  O  I  E
W  Y  M  I  A  R  O  U  N  N  C  K  E  U
N  Y  L  P  P  S  Y  T  W  I  Z  O  R  J
C  T  M  N  N  R  Y  K  Ó  C  E  Ś  Z  T
K  R  Z  Y  W  A  O  M  R  A  Ń  Ć  C  R
L  E  L  S  L  N  T  P  E  F  M  D  H  Ó
O  M  A  U  W  A  B  E  O  T  Ą  K  N  J
G  U  G  Z  D  I  B  R  O  R  R  G  I  K
I  N  Q  K  Ł  D  R  C  W  R  C  I  A  Ą
K  Ł  V  Z  Z  E  W  J  X  K  I  J  A  T
A  C  C  O  S  M  P  M  A  N  V  A  A  O
```

KĄT	MEDIANA
OBLICZEŃ	NUMER
KOŁO	PROPORCJA
KRZYWA	CZŁON
ŚREDNICA	POWIERZCHNIA
WYMIAR	SYMETRIA
RÓWNANIE	TEORIA
WYSOKOŚĆ	TRÓJKĄT
LOGIKA	PIONOWY
MASA	

11 - Les Médias

```
L O K A L N Y M C K O P O G
W Y D A N I E V Ł Q J R B A
K O M U N I K A C J A Z R Z
F N R B R K P I O Q V E A E
N U N L A S D C N N P M Z T
K O Z V D T T Ę L N K Y Y Y
S I E Ć I V I J I C G S O Ł
N A P P O S O D N F A Ł G J
P O S T A W Y Z E O T I M P
E D U K A C J A O P I N I A
J C Y F R O W Y T K A F G M
I N D Y W I D U A L N E O Q
I N T E L E K T U A L N Y X
Y I P U B L I C Z N Y Q N L
```

POSTAWY
KOMUNIKACJA
ONLINE
WYDANIE
EDUKACJA
FAKTY
OBRAZY
INDYWIDUALNE
PRZEMYSŁ

INTELEKTUALNY
GAZETY
LOKALNY
CYFROWY
OPINIA
ZDJĘCIA
PUBLICZNY
RADIO
SIEĆ

12 - Philanthropie

```
Z  H  F  D  Z  I  E  C  I  L  B  M  D  P
Q  Z  I  V  C  L  C  A  F  U  Z  I  O  O
I  O  N  Ł  B  L  V  R  H  D  C  S  B  T
Y  M  A  R  G  O  R  P  O  Z  E  J  R  R
Ł  Y  N  I  Q  L  K  N  J  K  L  A  O  Z
Ą  V  S  F  R  A  O  D  N  O  E  U  C  E
C  S  E  Ś  U  O  H  G  O  Ś  L  C  Z  B
Z  K  L  R  W  N  T  S  Ś  Ć  U  Z  Y  A
N  U  X  T  G  I  D  S  Ć  F  D  C  N  U
O  G  R  U  P  Y  A  U  I  K  Z  I  N  E
Ś  D  A  C  Z  R  V  T  S  H  I  W  O  G
Ć  Q  S  U  K  V  J  G  O  Z  E  O  Ś  G
X  W  Y  Z  W  A  N  I  A  W  E  Ś  Ć  X
M  Ł  O  D  Z  I  E  Ż  B  C  Y  Ć  T  Y
```

POTRZEBA	HOJNOŚĆ
CELE	ŚWIATOWY
DOBROCZYNNOŚĆ	GRUPY
ŁĄCZNOŚĆ	HISTORIA
WYZWANIA	UCZCIWOŚĆ
DZIECI	LUDZKOŚĆ
FINANSE	MŁODZIEŻ
FUNDUSZE	MISJA
LUDZIE	PROGRAMY

13 - Diplomatie

```
S  C  B  B  X  A  D  A  S  A  B  M  A  R
N  I  U  S  N  L  Ą  O  X  O  T  B  W  H
S  A  N  G  C  Y  Z  Ł  R  G  L  C  I  U
Z  P  Z  E  O  Ł  R  Ł  O  A  W  E  Z  M
K  A  O  Z  X  L  P  O  S  Z  D  A  X  A
O  K  G  Ł  Ć  Ś  O  W  I  C  Z  C  U  N
N  Y  C  R  E  I  N  A  P  M  A  K  A  I
F  T  T  R  A  C  X  Ł  K  P  K  T  J  T
L  I  U  E  T  N  Z  Q  K  O  Y  R  S  A
I  L  R  G  G  L  I  N  U  G  T  A  U  R
K  O  P  Z  X  O  X  C  O  R  E  K  K  N
T  P  Y  B  X  F  Ł  Q  Z  Ś  T  T  S  Y
O  B  Y  W  A  T  E  L  E  N  Ć  A  Y  Z
A  M  B  A  S  A  D  O  R  C  Y  T  D  Y
```

AMBASADA
AMBASADOR
KAMPANIE
OBYWATELE
SPOŁECZNOŚĆ
KONFLIKT
DORADCA
DYSKUSJA

ETYKA
ZAGRANICZNY
RZĄD
HUMANITARNY
UCZCIWOŚĆ
POLITYKA
TRAKTAT

14 - Électricité

```
T  L  A  A  F  I  S  E  M  A  W  Y  F  O
Z  E  T  O  H  D  I  B  O  I  W  D  I  B
E  N  L  F  F  V  E  F  H  L  N  Y  D  I
M  N  F  E  X  L  Ć  Ś  O  L  I  U  U  E
G  L  H  J  F  M  A  G  N  E  S  L  S  K
S  U  L  P  Ł  O  D  Z  A  I  N  G  Ż  T
B  P  Q  B  B  K  N  O  P  L  B  J  A  Y
A  S  R  K  A  B  E  L  M  Y  A  Y  R  D
T  Z  X  Z  K  K  J  N  A  R  Q  X  Ó  O
E  Y  G  F  Ę  H  K  T  L  O  O  Z  W  W
R  J  Ł  R  O  T  A  R  E  N  E  G  K  E
I  E  L  E  K  T  R  Y  C  Z  N  Y  A  Z
A  L  A  S  E  R  J  Ł  E  I  I  W  S  R
E  L  E  K  T  R  Y  K  T  G  H  G  Y  P
```

MAGNES	LAMPA
ŻARÓWKA	LASER
BATERIA	MINUS
KABEL	OBIEKTY
ELEKTRYK	PLUS
ELEKTRYCZNY	GNIAZDO
SPRZĘT	ILOŚĆ
PRZEWODY	SIEĆ
GENERATOR	TELEFON

15 - Astronomie

```
K M H A H A K J V P N Z R G
U A U C W S Z O X N T S Ó A
W L Q I U T V V S B M T W L
B C A W R R B P N M Z S N A
L Y Y A Ł O W J H K O U O K
G Ż N Ł D N T P V Q A S N T
N Ę Z G A A R A N Q T U O Y
M I C M U U X T W A I E C K
E S E F U T K E I R L P N A
T K N B N A D I O R E T S A
E K O R O T R K I Z T S F U
O T Ł A T E N A L P A U B U
R E S G G U S R D H S N I O
A S T R O N O M Z I E M I A
```

ASTEROIDA
ASTRONAUTA
ASTRONOM
NIEBO
KOSMOS
RÓWNONOC
RAKIETA
GALAKTYKA

KSIĘŻYC
METEOR
MGŁAWICA
OBSERWATORIUM
PLANETA
SATELITA
SŁONECZNY
ZIEMIA

16 - Physique

```
G M A S A C G X X C K Y I J
W R A K A I H Ę T Z A G V Ą
Z M A N C Y A E S L F C Q D
G A K W M A Y C M T V S V R
L G I A I K N J A I O K W O
Ę N N S E T L V V H C Ś P W
D E A I L S A Y K S R Z Ć Y
N T H L E Ą S C L Z G A N U
O Y C N K Z R O J Z J G H Y
Ś Z E I T C E L K A B N B D
Ć M M K R G W F O R M U Ł A
A T O M O Z I C H A O S A H
B C A L N O N V K M A G L F
F E R W W P U G T N X B Ł X
```

ATOM   MAGNETYZM
CHAOS   MASA
CHEMICZNY   MECHANIKA
GĘSTOŚĆ   SILNIK
ELEKTRON   JĄDROWY
FORMUŁA   CZĄSTKA
GAZ   WZGLĘDNOŚĆ
GRAWITACJA   UNIWERSALNY

17 - Types de Cheveux

```
D  Ł  U  G  I  E  D  A  M  X  B  S  Q  B
K  O  L  O  R  O  W  E  W  J  G  R  G  Ł
S  Z  A  R  Y  N  R  A  Z  C  C  V  R  Y
Z  K  Y  E  Ł  Y  T  S  I  L  A  F  U  S
Z  B  N  E  A  K  K  U  M  Y  O  H  B  Z
P  H  O  B  I  S  R  C  I  K  O  L  Y  C
C  Y  I  Y  B  R  Ę  H  Ę  Ł  W  J  W  Z
Ł  I  C  A  Y  E  C  Y  K  C  M  M  O  Ą
Z  N  E  R  A  B  O  F  K  W  X  T  R  C
L  L  L  N  D  R  N  T  I  X  W  A  D  Y
X  Q  P  Y  K  O  E  U  E  X  A  D  Z  J
B  L  O  N  D  I  K  T  Ó  R  K  N  G  N
S  E  B  R  Ą  Z  O  W  Y  Ł  Y  S  Y  M
K  S  X  V  V  G  H  Ł  F  T  F  F  S  C
```

SREBRO	KRĘCONE
BIAŁY	SZARY
BLOND	DŁUGIE
LOKI	BRĄZOWY
BŁYSZCZĄCY	CIENKI
ŁYSY	CZARNY
KOLOROWE	FALISTY
KRÓTKI	ZDROWY
MIĘKKI	SUCHY
GRUBY	PLECIONY

18 - Archéologie

```
F  R  E  L  I  K  T  S  Ś  O  M  U  K  G
H  L  X  J  C  I  B  K  W  Z  C  Y  Y  Ł
A  N  A  L  I  Z  A  A  I  E  Z  E  T  Y
L  Q  P  M  X  V  J  M  Ą  S  Z  N  N  N
E  E  R  G  J  X  G  I  T  P  A  I  A  A
P  O  T  O  M  E  K  E  Y  Ó  G  E  X  I
B  O  R  E  R  A  U  N  N  Ł  A  Z  P  N
A  B  E  J  E  P  K  I  I  I  D  N  R  M
D  I  P  G  F  Ł  B  A  A  H  K  A  O  O
A  E  S  B  I  U  M  Ł  M  V  A  N  F  P
C  K  K  B  U  J  G  O  Q  L  M  Y  E  A
Z  T  E  G  D  I  C  Ś  O  K  C  Z  S  Z
L  Y  V  Q  N  G  Q  Ć  B  L  M  O  O  J
G  A  R  N  C  A  R  S  T  W  O  V  R  B
```

ANALIZA	NIEZNANY
ANTYK	ZAGADKA
BADACZ	OBIEKTY
POTOMEK	KOŚCI
EKSPERT	ZAPOMNIANY
ERA	GARNCARSTWO
ZESPÓŁ	PROFESOR
OCENA	RELIKT
SKAMIENIAŁOŚĆ	ŚWIĄTYNIA

19 - Mammifères

```
N Z Ń O K A N G U R S H S Y
I E S C Y P Z K D G H Ł H C
E B D H B Ł Q E S W A J O Q
D R S P B A G O R Y L Z M Ń
Ź A N N Q M C W J Z K O N X
W A L I S K F U E V M K H F
I H S F Y I O P C X F O E D
E P P L R L W J W V O T N A
D X C E G Ó I F O I P C H X
Ź B L D Y R U R V T L L U Q
L E W A T K C P I E S K A B
W I E L O R Y B W A T P P S
C N G P E V D H L K W Ł V O
D F F Ż Y R A F A N L O M H
```

WIELORYB	KRÓLIK
KOT	LEW
KOŃ	WILK
PIES	OWCE
KOJOT	NIEDŹWIEDŹ
DELFIN	LIS
SŁOŃ	MAŁPA
ŻYRAFA	BYK
GORYL	TYGRYS
KANGUR	ZEBRA

20 - Mathématiques

```
D  Z  I  E  S  I  Ę  T  N  Y  C  J  L  X
J  A  I  K  Ą  T  Y  V  H  K  F  I  K  C
P  R  O  S  T  O  K  Ą  T  J  A  D  S  Y
G  K  D  O  X  T  Ą  K  J  Ó  R  T  O  U
O  E  R  Ó  W  N  A  N  I  E  K  V  N  H
B  Z  O  P  N  Ł  L  R  I  U  U  V  M  Ł
W  R  A  M  R  K  I  N  D  A  Ł  K  Y  W
Ó  F  C  F  E  O  Ł  L  C  A  L  E  F  N
D  Y  I  G  Q  T  M  S  K  M  W  N  R  B
L  X  N  Q  Ł  R  R  I  A  U  J  K  A  L
B  I  D  W  J  N  B  I  E  S  A  A  K  T
W  I  E  L  O  K  Ą  T  A  Ń  P  A  C  G
L  A  R  Y  T  M  E  T  Y  K  A  A  J  B
H  S  Ś  X  S  Y  M  E  T  R  I  A  A  U
```

KĄTY
ARYTMETYKA
KWADRAT
OBWÓD
DZIESIĘTNY
ŚREDNICA
WYKŁADNIK
RÓWNANIE

FRAKCJA
GEOMETRIA
WIELOKĄT
PROMIEŃ
PROSTOKĄT
SUMA
SYMETRIA
TRÓJKĄT

21 - Sport

```
M E T A B O L I C Z N E W B
T Ć A W Y Ł P Q H X H C B C
Ć Ś O Ł A M Y Z R T Y W E I
Z O W T S R A L O K D T I A
D N Ł R G K O Ś C I P Ł N Ł
R L C E I N A T I K D P A O
O O Ł N P C I M I Ę Ś N I E
W D L E C R Ł G Ł T D S W N
I Z K R O G O Ł G Z T P Y Q
E D I E T A Z G S O O O Ż J
A T L E T A S H R Ł J R D X
H G Q H G O G R R A I T O H
S I Ł A K A O A G I M Y T W
W Y O L B R Z Y M I A Ć C Y
```

ATLETA	WYOLBRZYMIAĆ
ZDOLNOŚĆ	METABOLICZNE
CIAŁO	MIĘŚNIE
KOLARSTWO	PŁYWAĆ
TANIEC	ODŻYWIANIE
DIETA	CEL
WYTRZYMAŁOŚĆ	KOŚCI
TRENER	PROGRAM
SIŁA	ZDROWIE
JOGGING	SPORTY

22 - Mythologie

```
C  R  L  Z  Ł  A  R  U  T  L  U  K  B  K
M  A  G  I  C  Z  N  Y  D  E  J  F  O  A
Z  E  M  S  T  A  A  D  K  G  P  V  H  T
F  K  Ł  N  J  Y  I  X  E  E  I  J  A  A
A  K  R  E  T  A  H  O  B  N  O  G  T  S
W  I  E  R  Z  E  N  I  A  D  R  R  E  T
H  N  K  L  H  S  Y  E  P  A  U  Z  R  R
J  W  M  R  A  B  I  N  U  C  N  M  Ó  O
I  O  O  X  E  B  D  Ł  F  A  L  O  W  F
I  J  F  B  Y  A  I  R  A  L  A  T  T  A
W  O  K  U  K  K  C  R  E  G  A  W  O  B
M  W  M  H  T  D  P  J  Y  M  U  R  P  C
Z  A  Z  D  R  O  Ś  Ć  A  N  U  Z  N  N
A  R  C  H  E  T  Y  P  D  S  T  J  F  R
```

ARCHETYP	BOHATER
KATASTROFA	ZAZDROŚĆ
KREACJA	LABIRYNT
WIERZENIA	LEGENDA
KULTURA	MAGICZNY
PIORUN	POTWÓR
SIŁA	GRZMOT
WOJOWNIK	ZEMSTA
BOHATERKA	

23 - Restaurant #2

```
K Ł C E X X G G S Ó L K F E
R Z Ł K K X D K T Q Y A O Y
Z N C E L E D I W Ł V M W R
E Y A L S F T E H S W A O L
S Z B N Z D A I B O I A C X
Ł W M E C U K C I A S T O T
O F R R T K T O B W R Y B A
P R Z Y P R A W Y Y S X E J
W M S M N H Ł K U Z V U B A
E O B O Q Z A A S R L T D J
S O D C S Q S H Z A P U Z L
N O R A K A M Y K W Z N O Ó
Z I D B H H J Ó P A N C K D
P R Z Y S T A W K A K Ż Y Ł
```

PRZYSTAWKA
NAPÓJ
KRZESŁO
ŁYŻKA
PYSZNY
OBIAD
WODA
PRZYPRAWY
WIDELEC
OWOC

CIASTO
LÓD
WARZYWA
MAKARON
JAJA
RYBA
SAŁATKA
SÓL
KELNER
ZUPA

24 - Beauté

```
N  S  K  Ó  R  A  D  J  F  S  H  A  Y  E
O  R  T  S  U  L  T  U  U  U  O  R  W  L
Ż  A  J  I  K  A  M  R  N  L  M  C  U  E
Y  Y  C  N  M  Q  N  O  U  H  O  U  E  G
C  E  K  O  L  O  R  K  L  U  B  K  J  A
Z  L  Y  X  A  B  H  B  G  N  T  B  I  N
K  E  F  V  K  O  S  M  E  T  Y  K  I  C
I  G  X  X  N  O  L  E  J  E  Ł  Z  Q  J
G  A  F  Ł  I  G  Ł  A  D  K  I  Z  T  A
U  N  Q  A  M  N  S  Z  A  M  P  O  N  S
Ł  C  Q  S  Z  S  T  Y  L  I  S  T  A  N
S  K  I  K  S  Ę  Z  R  O  D  Z  S  U  T
U  I  T  A  I  Z  A  P  A  C  H  H  D  H
F  O  T  O  G  E  N  I  C  Z  N  Y  G  J
```

LOKI	MAKIJAŻ
UROK	TUSZ DO RZĘS
NOŻYCZKI	LUSTRO
KOSMETYKI	ZAPACH
KOLOR	SKÓRA
ELEGANCJA	FOTOGENICZNY
ELEGANCKI	SZMINKA
ŁASKA	USŁUGI
OLEJE	SZAMPON
GŁADKI	STYLISTA

25 - Avions

```
W  E  B  O  F  R  K  E  N  U  R  E  I  K
Y  J  P  B  C  E  U  Z  A  X  E  I  M  P
S  Y  A  E  K  U  K  R  D  A  Ż  N  M  R
O  Ś  M  I  G  Ł  A  T  M  W  A  A  V  Z
K  G  W  N  C  V  A  E  U  O  S  W  N  Y
O  C  V  W  H  J  R  I  C  D  A  O  V  G
Ś  N  U  O  H  E  E  W  H  U  P  D  M  O
Ć  Q  K  D  J  I  F  O  A  B  E  Ą  G  D
P  Ł  I  Ó  D  C  S  P  Ć  M  A  L  A  A
G  A  N  R  J  Ś  O  T  C  Ł  C  L  G  Z
I  P  L  J  S  J  M  R  O  X  A  E  O  B
W  N  I  I  M  E  T  G  E  R  S  Z  Ł  N
R  C  S  A  W  Z  A  D  R  C  I  F  A  U
P  I  L  O  T  O  F  S  K  V  C  A  Z  T
```

POWIETRZE	ZAŁOGA
ATMOSFERA	NADMUCHAĆ
LĄDOWANIE	WYSOKOŚĆ
PRZYGODA	ŚMIGŁA
BALON	HISTORIA
PALIWO	WODÓR
NIEBO	SILNIK
BUDOWA	PASAŻER
ZEJŚCIE	PILOT
KIERUNEK	

26 - Aventure

```
N  I  E  B  E  Z  P  I  E  C  Z  N  Y  P
W  Ć  Ś  O  N  D  U  R  T  I  J  M  N  R
Ć  P  X  M  A  I  N  A  W  Z  Y  W  O  Z
Ś  J  J  Z  Y  P  E  R  M  F  U  B  W  Y
O  D  W  A  G  A  N  Z  A  F  G  A  Y  J
N  S  O  J  N  K  A  P  W  D  M  Y  F  A
L  Z  K  Z  L  Z  W  Q  I  Y  O  T  A  C
A  A  A  U  G  C  I  N  X  Ę  K  Ś  K  I
Ł  N  Z  T  N  E  G  Y  W  R  K  Ł  Ć  E
A  S  J  N  Q  I  A  R  U  T  A  N  Y  L
I  A  A  E  K  C  C  L  L  J  C  B  O  E
Z  N  K  Q  T  Y  J  P  O  D  R  Ó  Ż  E
D  A  Ł  U  P  W  A  X  C  G  L  J  T  Q
P  R  Z  Y  G  O  T  O  W  A  N  I  E  P
```

DZIAŁALNOŚĆ   WYCIECZKA
PRZYJACIELE   NIEZWYKŁY
PIĘKNO   RADOŚĆ
ODWAGA   NATURA
SZANSA   NAWIGACJA
NIEBEZPIECZNY NOWY
WYZWANIA   OKAZJA
TRUDNOŚĆ   PRZYGOTOWANIE
ENTUZJAZM   PODRÓŻE

27 - Ville

```
K  K  P  S  S  H  O  T  E  L  K  I  N  O
W  S  I  U  O  T  Z  O  O  K  L  D  Ł  M
I  I  E  P  Q  E  A  I  R  E  L  A  G  U
A  Ę  K  E  O  T  K  D  O  A  T  J  M  Z
C  G  A  R  Z  Y  I  G  I  Ł  B  C  D  E
I  A  R  M  T  S  N  D  R  O  M  A  E  U
A  R  N  A  F  R  I  W  N  K  N  R  E  M
R  N  I  R  H  E  L  Y  K  Z  W  U  G  K
Z  I  A  K  L  W  K  G  B  S  E  A  H  G
R  A  M  E  M  I  O  K  S  I  N  T  O  L
T  Y  C  T  U  N  B  K  C  Ł  C  S  K  V
A  D  N  D  P  U  N  E  N  G  N  E  U  I
E  F  Z  E  A  P  T  E  K  A  X  R  P  K
T  F  N  A  K  E  T  O  I  L  B  I  B  H
```

LOTNISKO	KSIĘGARNIA
BANK	RYNEK
BIBLIOTEKA	MUZEUM
PIEKARNIA	APTEKA
KINO	RESTAURACJA
KLINIKA	STADION
SZKOŁA	SUPERMARKET
KWIACIARZ	TEATR
GALERIA	UNIWERSYTET
HOTEL	ZOO

28 - Ingénierie

```
P  D  G  C  Ł  N  U  K  Ł  V  P  N  B  G
A  Ź  Ł  P  E  A  V  Ą  W  V  Y  A  U  F
J  W  Ę  I  P  I  D  T  J  Z  Q  P  D  P
C  I  B  O  Ł  G  O  D  T  Z  A  Ę  O  I
U  G  O  T  Ó  R  B  O  P  C  Ł  D  W  E
B  N  K  E  N  E  L  E  S  E  I  D  A  D
Y  I  O  J  F  N  I  M  G  I  S  E  W  I
R  E  Ś  U  S  E  C  R  A  C  L  N  K  A
T  Q  Ć  A  Q  S  Z  X  P  S  Q  G  X  G
S  I  L  N  I  K  E  J  Z  F  Z  R  Z  R
Y  J  Z  U  S  J  Ń  D  A  I  I  Y  I  A
D  H  R  E  Ś  R  E  D  N  I  C  A  N  M
L  E  J  Ć  Ś  O  N  L  I  B  A  T  S  A
C  W  F  S  R  P  O  M  I  A  R  Ł  N  P
```

KĄT	DŹWIGNIE
OŚ	CIECZ
OBLICZEŃ	MASZYNA
BUDOWA	POMIAR
DIAGRAM	SILNIK
ŚREDNICA	GŁĘBOKOŚĆ
DIESEL	NAPĘD
DYSTRYBUCJA	OBRÓT
ENERGIA	STABILNOŚĆ
SIŁA	

29 - Énergie

```
Y  Z  S  A  E  U  U  B  D  I  E  S  E  L
W  X  L  E  I  G  Ę  W  E  Y  B  M  C  E
D  O  J  C  J  E  N  K  I  N  L  I  S  C
V  X  E  Ń  E  Ą  L  I  J  W  Z  J  Y  Ł
F  O  T  O  N  H  D  E  P  Ł  P  Y  X  Q
P  Ł  V  Ł  L  I  F  R  K  U  P  A  N  T
R  P  E  S  A  U  B  Ó  O  T  U  I  J  A
Z  E  Z  J  I  I  Z  D  W  W  R  P  A  B
E  I  H  V  W  B  N  O  I  H  Y  O  K  A
M  C  X  Y  A  G  C  W  L  I  W  R  N  T
Y  S  J  R  N  R  K  G  A  T  O  T  M  E
S  X  P  I  D  F  Q  T  P  L  R  N  W  R
Ł  E  D  S  O  V  S  A  W  T  A  E  Ł  I
T  U  R  B  I  N  A  Y  B  A  P  W  A  A
```

BATERIA	PRZEMYSŁ
WĘGIEL	SILNIK
PALIWO	JĄDROWY
CIEPŁO	FOTON
DIESEL	ODNAWIALNE
ENTROPIA	SŁOŃCE
BENZYNA	TURBINA
ELEKTRON	PAROWY
WODÓR	

30 - Cuisine

```
K H N I C G W L P V F N F J
U C M K L O I O R Ż K W K F
B Z J E L G D D Z Y P E I M
K N A P L K E Ó Y W I W O S
I O K M I E L W P N E U Ł P
Ł Ż S D R N C K R O K T S R
F E I B G A E A A Ś A X E G
A C M M H B Ż V W Ć R P R Ą
R J H Y N Z M A Y W N R W B
T I C O Z D G N R I I Z E K
U I K Z C E Ł A P K K E T A
C F Y S J H J Ł K Ż A P K B
H P F Y F J L N P Y Z I A F
C Z A J N I K A N Ł X S W M
```

PAŁECZKI	WIDELCE
MISKA	GRILL
CZAJNIK	CHOCHLA
ZAMRAŻARKA	ŻYWNOŚĆ
NOŻE	SŁOIK
DZBANEK	PRZEPIS
ŁYŻKI	LODÓWKA
PRZYPRAWY	SERWETKA
GĄBKA	FARTUCH
PIEKARNIK	KUBKI

31 - Corps Humain

```
T E K Y M H N M O Q Z S L U
A C Q F W W N Z B R Ł D G B
F S S N E Z F C O Ę I M A R
P O D B R Ó D E K K T F K Q
T N F V K T J L C A Z J T O
W H X R J O B A I R Ć W S I
A A J Y Z S L P V Ó E V O U
R P X N J Ł Z A K K I S K C
Z N G Ł O W A C N S K Y X H
J Ę Z Y K Y Ł N Z O O Z U O
X M F K M Ó Z G R Ę Ł O V T
Ż O Ł Ą D E K E H X K L G S
V B Q A U S T A I J J A Y S
Z W Y E Ł I L I S Q H Q E N
```

USTA	JĘZYK
MÓZG	RĘKA
KOSTKA	SZCZĘKA
SZYJA	PODBRÓDEK
ŁOKIEĆ	NOS
SERCE	UCHO
PALEC	SKÓRA
ŻOŁĄDEK	KREW
RAMIĘ	GŁOWA
KOLANO	TWARZ

32 - Épices

S U Q U I L Ó S W K B I T W
S M W F I W L Z I K Z R O G
Y E A A C A U A K Y R P A P
K I F K S N K F S L I D L Y
K A Z A Y I R R O C B I U M
O V R R N L E A Ł U M D B F
Z T P D Ś I C N W R I Q E H
I M E N A A J C R R Z S C Z
E H I E W M A L E Y L Z O A
R E P L K M O G P V S I Ż T
A K H O R V T N O M A N Y C
D S Q K M I N E K I D O N E
K E N S O Z C B N V B U A O
A E D I O K K Q H O Z W O T

KWAŚNY	KOZIERADKA
CZOSNEK	IMBIR
GORZKI	CEBULA
ANYŻ	PAPRYKA
CYNAMON	PIEPRZ
KARDAMON	LUKRECJA
KOLENDRA	SZAFRAN
KMINEK	SMAK
CURRY	SÓL
KOPER WŁOSKI	WANILIA

33 - Science

```
M  D  Y  D  B  Ł  G  O  M  E  S  L  C  T
S  E  A  Q  O  H  R  R  I  K  K  A  H  Ł
U  M  T  N  V  D  A  G  N  S  A  B  E  P
V  I  K  O  E  I  W  A  E  P  M  O  M  F
I  T  A  F  D  P  I  N  R  E  I  R  I  F
L  K  F  L  T  A  T  I  A  R  E  A  C  I
Z  A  Z  V  S  K  A  Z  Ł  Y  N  T  Z  Z
V  J  D  C  F  Ł  C  M  Y  M  I  O  N  Y
S  C  Q  H  E  R  J  N  A  E  A  R  Y  K
S  U  A  R  U  T  A  N  T  N  Ł  I  D  A
K  L  I  M  A  T  S  Z  O  T  O  U  P  H
Z  O  Q  F  U  Z  F  Ą  M  O  Ś  M  F  T
P  W  R  I  K  T  S  Ą  Z  C  Ć  D  N  H
C  E  O  B  S  E  R  W  A  C  J  A  R  R
```

ATOM	LABORATORIUM
CHEMICZNY	METODA
KLIMAT	MINERAŁY
DANE	CZĄSTECZKI
EKSPERYMENT	NATURA
EWOLUCJA	OBSERWACJA
FAKT	ORGANIZM
SKAMIENIAŁOŚĆ	CZĄSTKI
GRAWITACJA	FIZYKA

34 - Vêtements

```
N A M A Ż I P H S S L G P R
B K I L A Z S Y A W Ł P Ł Ę
O N K N K P V F N E O F A K
M E O A T I A X D T Z Y S A
N I S M E S N S A E C C Z W
C K Z E L S P J Ł R C U C I
R U U H O A Q Ó Y B U T Z C
F S L Y S N I Ż D Z A J U Z
A O A I N M O D A N S G A K
R J K L A Z U L B K I A X I
T V T B R X H L Q T X C N I
U R R F B S P O D N I E A W
C B U K K A P E L U S Z Y A
H Ł K L P J C A I B P I A D
```

BRANSOLETKA	SPÓDNICA
PAS	PŁASZCZ
KAPELUSZ	MODA
BUT	SPODNIE
KOSZULA	SWETER
BLUZA	PIŻAMA
NASZYJNIK	SUKIENKA
SZALIK	SANDAŁY
RĘKAWICZKI	FARTUCH
DŻINSY	KURTKA

35 - Arts Visuels

```
P  K  R  E  A  T  Y  W  N  O  Ś  Ć  F  G
R  O  A  I  F  A  R  G  O  T  O  F  G  C
A  Z  R  R  J  A  G  U  L  A  T  Z  S  K
R  M  E  T  T  H  D  A  W  R  Y  O  K  R
C  A  D  Ź  R  Y  Q  W  K  C  K  Ł  A  E
Y  L  Ł  W  B  E  S  Y  R  H  C  Ó  T  D
D  A  U  J  C  A  T  T  O  I  P  W  T  A
Z  R  G  V  G  K  Z  K  A  T  I  E  R  L
I  S  O  M  L  I  F  E  A  E  J  K  B  A
E  T  P  C  W  M  G  P  O  K  S  O  W  K
Ł  W  I  X  U  A  G  S  V  T  C  A  T  I
O  O  S  H  Ł  R  Ł  R  Y  U  L  V  B  E
A  T  H  Y  F  E  M  E  P  R  F  C  D  R
G  L  I  N  A  C  H  P  Y  A  C  R  F  T
```

ARCHITEKTURA	KREATYWNOŚĆ
GLINA	FILM
ARTYSTA	MALARSTWO
CERAMIKA	PERSPEKTYWA
ARCYDZIEŁO	FOTOGRAFIA
SZTALUGA	PORTRET
WOSK	RZEŹBA
KREDA	DŁUGOPIS
OŁÓWEK	LAKIER·

36 - Méditation

```
L M V C C O S T U O W Ł S O
N A W Y K I P R L M T Ł Q B
R D Ł B F W O M U Z Y K A S
N A T U R A K I C I W X W E
A K X I N L Ó H K G X W Y R
K J Ł U E D J Ó K O P Q T W
O W D Z I Ę C Z N O Ś Ć K A
U B P O S T A W A M Ł M E C
R W U O D D E C H O W Y P J
T U A D C I S Z A Q T H S A
Y C C G Z E I C Ę J Y Z R P
S E M H A I D E J C O M E L
X F Ł E L G Ć K V S K B P X
P R Z E J R Z Y S T O Ś Ć J
```

PRZYJĘCIE
UWAGA
SPOKÓJ
PRZEJRZYSTOŚĆ
EMOCJE
OBUDZIĆ
WDZIĘCZNOŚĆ
NAWYKI
RUCH

MUZYKA
NATURA
OBSERWACJA
POKÓJ
PERSPEKTYWA
POSTAWA
ODDECHOWY
CISZA

37 - Littérature

```
B Y B D R B J W H W D W Z D
E I N A N W Ó R O P B N Z W
U P O T E M A T S O P I S N
S P T G D G Ł R Y M Y R R I
M M I A R I B N O A Y Y E O
S Ł K I O A A H N T K T I S
U T C G T X F L N O Ł M W E
B Y Y O A Y N I O D B H R K
F J T L R O T U A G Y M B M
I R E A R F N Ć Ś E I W O P
K B O N A Z I L A N A P L R
C K P A N A K Ł M A C X J F
J T R A G E D I A H Y V O C
A R O F A T E M N J J U E U
```

ANALOGIA
ANALIZA
ANEGDOTA
AUTOR
BIOGRAFIA
PORÓWNANIE
WNIOSEK
OPIS
DIALOG
FIKCJA

METAFORA
NARRATOR
WIERSZ
POETYCKI
RYM
POWIEŚĆ
RYTM
STYL
TEMAT
TRAGEDIA

38 - Nourriture #1

```
M  Z  U  P  A  Ł  U  C  W  F  W  K  J  M
S  A  K  T  A  Ł  A  S  Y  A  C  A  S  L
Z  K  R  L  I  S  X  J  W  N  Q  W  E  E
P  Z  D  C  Y  U  M  D  L  B  A  A  W  K
I  S  Z  L  H  Ł  P  N  R  Q  M  M  C  O
N  U  W  Ł  Ń  E  I  M  Z  C  Ę  J  O  K
A  R  F  A  A  K  W  A  K  S  U  R  T  N
K  G  A  N  R  G  Z  K  Y  Z  C  Ń  U  T
B  A  Z  Y  L  I  A  E  A  K  M  Ł  B  P
R  L  S  R  Ó  T  S  N  C  U  K  I  E  R
Z  U  O  T  S  C  H  S  D  Q  B  Z  Ł  R
E  B  K  Y  X  L  S  O  S  Ę  I  M  W  X
P  E  Z  C  K  W  L  Z  Ł  P  N  G  T  C
A  C  J  Ł  K  E  B  C  F  R  Q  T  T  T
```

CZOSNEK	RZEPA
BAZYLIA	CEBULA
KAWA	JĘCZMIEŃ
CYNAMON	GRUSZKA
MARCHEWKA	SAŁATKA
CYTRYNA	SÓL
SZPINAK	ZUPA
TRUSKAWKA	CUKIER
SOK	TUŃCZYK
MLEKO	MIĘSO

39 - Jours et Mois

```
I  Y  P  P  L  N  I  E  D  Z  I  E  L  A
U  T  K  K  I  N  R  E  I  Z  D  Ź  A  P
M  Ń  E  T  S  K  W  I  E  C  I  E  Ń  H
V  E  Ł  Y  T  C  Z  W  A  R  T  E  K  S
W  I  A  D  O  S  P  P  C  Z  Ł  I  Z  S
M  S  I  Z  P  L  T  L  U  T  Y  J  R  O
C  E  Z  I  A  I  M  Y  Ś  R  O  D  A  B
W  Z  D  E  D  P  A  J  C  V  M  O  D  O
T  R  E  Ń  O  I  R  Z  O  Z  Z  X  N  T
O  W  I  R  L  E  S  V  H  N  E  W  E  A
R  J  N  P  W  C  Z  V  R  Z  M  Ń  L  C
E  V  O  Ń  E  I  P  R  E  I  S  F  A  R
K  K  P  P  J  K  E  T  Ą  I  P  D  K  A
M  I  E  S  I  Ą  C  C  A  Y  X  L  V  U
```

SIERPIEŃ	WTOREK
KWIECIEŃ	MARSZ
KALENDARZ	ŚRODA
NIEDZIELA	MIESIĄC
LUTY	LISTOPAD
STYCZEŃ	PAŹDZIERNIK
CZWARTEK	SOBOTA
LIPIEC	TYDZIEŃ
CZERWIEC	WRZESIEŃ
PONIEDZIAŁEK	PIĄTEK

40 - Jardinage

```
K  P  Z  C  Z  Z  L  U  C  J  F  W  C  J
L  G  L  E  B  A  Y  I  A  C  K  I  P  E
I  F  O  A  B  Z  P  W  Ś  B  P  L  X  B
M  G  A  T  U  N  E  K  K  C  I  G  C  U
A  N  O  I  S  A  N  O  G  S  I  O  K  K
T  R  Y  W  M  A  P  P  Y  A  Z  Ć  O  I
W  X  F  Z  P  C  Ż  Ą  W  D  R  D  M  E
Ć  Ą  N  T  I  W  K  E  O  X  H  I  P  T
M  Ś  V  H  E  W  K  I  N  M  E  J  O  P
K  W  I  A  T  O  W  Y  O  B  W  J  S  K
W  H  Ł  L  H  K  L  P  Z  R  Ł  O  T  G
J  A  D  A  L  N  Y  J  E  U  Q  K  D  Q
M  N  C  U  L  E  L  L  S  D  Q  X  X  A
A  B  L  I  E  G  Z  O  T  Y  C  Z  N  Y
```

BUKIET	KWIATOWY
KLIMAT	NASIONA
JADALNY	WILGOĆ
KOMPOST	POJEMNIK
WODA	SEZONOWY
GATUNEK	BRUD
EGZOTYCZNY	GLEBA
LIŚCI	WĄŻ
LIŚĆ	SAD
KWITNĄĆ	

41 - Entreprise

```
E K O N O M I A R F Z V F Z
P B X J O N T Z S O K Q A Y
A E Ł R K J S E C R W Ł B S
J G L F H B L Z Ż N A U R K
C P O K R T A C P D L R Y P
K D L E S N A N I F U X K R
A P R Z I Q X K Ł N T B A A
S M O D Ó H C O D K A K C C
N Ł R Ą Z A R E I R A K J O
A K U I P R A C O W N I K D
R D I N F X W Ł F T D U V A
T R B E T U O W H Y A H F W
E R I I W E T X J M Z H X C
P Q A P O D A T K I C U H A
```

PIENIĄDZE
SKLEP
BUDŻET
BIURO
KARIERA
KOSZT
WALUTA
PRACODAWCA
PRACOWNIK

FIRMA
EKONOMIA
FINANSE
PODATKI
TOWAR
ZYSK
DOCHÓD
TRANSAKCJA
FABRYKA

42 - Activités

```
C Z Y T A N I E A R H C G I
R W H L K B J I T E O K E U
M R Q B U G U C H Z H N E B
K C Ł L T R B Y B W A V M O
E E F Z Z Y D Z I R O Ł L P
N I P G S A Ł S O I M E Z R
Y N N D Z I A Ł A L N O Ś Ć
Z A G A D K I M R E L A K S
C T N O W T S R A K D Ę W Ł
O S I R C O E F M G H V G Y
P J P Ł X T L D D A I X N O
Y X M I X E R O H Ł G A W F
W E E H Q S T W P N E F B Ł
M F K Ł C E R A M I K A Ł F
```

DZIAŁALNOŚĆ	GRY
SZTUKA	CZYTANIE
RZEMIOSŁA	WYPOCZYNEK
KEMPING	MAGIA
CERAMIKA	WĘDKARSTWO
POLOWANIE	ZAGADKI
SZYCIE	RELAKS
TANIEC	

43 - Mode

```
N E L E G A N C K I Q O V W
T I P R Z Y C I S K I N Y Y
E Y E G W S K R O M N Y E R
N N R D N R G P P J Q V Ł A
D Z Y X R T E K S T U R A F
E C N N Ó O C M Z W H K N I
N Y S G Z U G B E Y A O I N
C T E T W X S I K G F R G O
J K Z A Y D I H E O T O Y W
A A C F M L R I J D Ł N R A
P R O S T Y E O B N J K O N
C P W I O D K W G Y Y I K Y
W M O K X W L V K I T U B J
F A N I N A K T O D Z I E Ż
```

NIEDROGIE
BUTIK
PRZYCISKI
HAFT
DROGI
WYGODNY
KORONKI
ELEGANCKI
NOWOCZESNY
SKROMNY

WZÓR
ORYGINAŁ
PRAKTYCZNY
PROSTY
WYRAFINOWANY
STYL
TENDENCJA
TEKSTURA
TKANINA
ODZIEŻ

44 - Fleurs

```
S  B  S  Ł  O  N  E  C  Z  N  I  K  O  L
T  P  U  J  B  P  A  R  Y  P  R  E  R  K
O  L  M  K  G  M  K  S  Ó  I  K  T  D  M
K  U  A  L  I  K  N  O  Ż  Ż  R  A  Y  X
R  M  G  O  Y  E  N  I  M  S  A  Ł  A  A
O  E  N  F  B  O  T  Y  D  H  E  P  I  S
T  R  O  L  I  L  I  O  W  Y  D  B  N  U
K  I  L  L  K  A  N  Y  Z  C  I  N  O  K
A  A  I  Z  A  I  L  I  L  B  H  I  W  S
F  M  A  N  M  W  Y  V  M  G  C  M  I  I
L  L  F  L  W  G  E  D  L  U  R  Ś  P  B
T  U  L  I  P  A  N  N  T  K  O  A  Q  I
G  A  R  D  E  N  I  A  D  Ł  G  J  E  H
B  A  O  B  F  D  H  M  C  A  J  Z  S  L
```

BUKIET	ORCHIDEA
GARDENIA	MAK
HIBISKUS	PŁATEK
JAŚMIN	PIWONIA
ŻONKIL	PLUMERIA
LAWENDA	RÓŻA
LILIOWY	SŁONECZNIK
LILIA	KONICZYNA
MAGNOLIA	TULIPAN
STOKROTKA	

45 - Nourriture #2

```
W  B  B  O  P  R  X  G  H  W  F  J  C  O
Q  Ł  A  J  S  T  V  J  E  M  C  A  Z  T
N  O  K  Q  Z  Y  Ł  U  K  O  R  B  E  O
T  L  Ł  Q  E  M  O  K  J  A  J  Ł  K  B
O  A  A  E  N  A  N  A  B  B  E  K  O  M
Z  U  Ż  W  I  I  O  S  U  Y  S  O  L  I
K  A  A  M  C  N  R  L  L  R  F  R  A  G
G  U  N  Q  A  Ś  G  I  M  R  M  U  D  D
S  G  R  Z  Y  I  O  C  H  L  E  B  A  A
Z  Ł  R  C  M  W  N  E  H  V  Q  L  B  Ł
Y  R  P  Z  Z  Q  I  W  I  K  S  Ł  E  R
N  R  Y  Ż  Y  A  W  M  A  N  G  O  H  S
K  F  F  K  O  B  K  P  O  M  I  D  O  R
A  S  H  E  N  D  I  I  U  Ł  K  H  V  E
```

MIGDAŁ	KIWI
BAKŁAŻAN	MANGO
BANAN	JAJKO
PSZENICA	CHLEB
BROKUŁY	RYBA
WIŚNIA	JABŁKO
SELER	KURCZAK
GRZYB	WINOGRONO
CZEKOLADA	RYŻ
SZYNKA	POMIDOR

46 - Algèbre

```
O U P R O Ś C I Ć D E Ł I W
C D E Z E S A I W A N J K Ł
Z D E W C K I N D A Ł K Y W
Y I I J Ł Y K C N F R D A R
N A N I M W Y K R E S N O O
N G A L H O X C E A I S B Z
I R N O E I W T M I Q M Q W
K A W Ś A N V A U Y H W Z I
R M Ó Ć V I Y T N Z E R O Ą
H R R Q Z L L Z V I H B B Z
H Y N O Z C Ń O K S E I N A
M A T R Y C A Ł U M R O F N
F A Ł S Z Y W E Z L U S L I
F R A K C J A S R U K V N E
```

DIAGRAM	MATRYCA
WYKŁADNIK	NUMER
RÓWNANIE	NAWIAS
CZYNNIK	ILOŚĆ
FAŁSZYWE	UPROŚCIĆ
FORMUŁA	ROZWIĄZANIE
FRAKCJA	ODEJMOWANIE
WYKRES	ZMIENNA
NIESKOŃCZONY	ZERO
LINIOWY	

47 - Océan

```
X  J  K  H  Ż  M  E  D  U  Z  A  J  W  W
P  W  R  B  Ó  B  L  F  M  A  W  R  O  Ę
T  B  A  N  Ł  I  A  N  B  C  C  J  D  G
L  U  B  X  W  M  F  I  P  I  A  N  O  O
R  T  Ń  R  A  F  A  F  C  N  G  W  R  R
E  V  K  C  W  I  E  L  O  R  Y  B  O  Z
K  L  U  C  Z  S  O  E  F  O  R  B  S  Ł
I  D  R  W  Ł  Y  A  D  M  I  T  X  T  O
N  L  R  C  S  M  K  K  G  M  S  B  V  G
Ł  K  O  R  A  L  B  R  O  Ś  O  U  L  Y
R  Ó  W  L  M  U  Ą  W  Y  O  P  R  C  I
Q  Z  D  O  J  S  G  R  X  B  Y  Z  V  L
Z  S  G  Ź  Ł  Ó  D  Z  V  I  A  A  T  V
B  H  Z  O  Z  L  K  R  E  W  E  T  K  A
```

WODOROST	MEDUZA
WĘGORZ	RYBA
WIELORYB	OŚMIORNICA
ŁÓDŹ	REKIN
KORAL	RAFA
KRAB	SÓL
KREWETKA	BURZA
DELFIN	TUŃCZYK
GĄBKA	ŻÓŁW
OSTRYGA	FALE

48 - Remplir

```
H  A  Z  F  S  T  F  O  L  D  E  R  P  G
L  N  I  N  X  A  Q  S  K  V  A  J  A  P
B  U  M  L  C  C  O  S  A  J  M  R  K  U
W  A  Z  O  N  A  R  U  R  O  M  A  I  D
N  B  E  C  Z  K  A  S  T  W  L  A  E  E
N  E  S  A  B  S  K  K  O  B  Ł  H  T  Ł
W  A  I  R  T  Ł  L  R  N  A  K  B  U  K
A  D  C  U  F  O  E  Z  T  O  R  B  A  O
L  A  K  Z  I  I  T  Y  W  I  A  D  R  O
I  L  O  P  Y  K  U  N  X  J  Y  G  W  Y
Z  F  S  Z  I  N  B  I  C  S  L  P  Z  Ł
K  U  Z  H  A  J  I  A  S  B  H  J  F  K
A  Z  H  L  A  O  Ń  E  Z  S  E  I  K  Q
U  S  K  O  P  E  R  T  A  C  H  D  K  I
```

BECZKA	PAKIET
BASEN	TACA
PUDEŁKO	KIESZEŃ
BUTELKA	SŁOIK
SKRZYNIA	TORBA
KARTON	WIADRO
FOLDER	SZUFLADA
KOPERTA	RURA
NACZYNIE	WALIZKA
KOSZ	WAZON

49 - Antiquités

```
J A R J B L R S I D S E T G
W A K U T Z S T N E T I G A
E H K X Z Ł X U W K A A G L
L L M O P O Ł L E O R A I E
B S E Ł Ś N Q E S R Y U B R
E R G G F Ć L C T A O T N I
M G K U A O C I Y C B E I A
C E N A B N M E C Y R N E O
S T Y L G A C Z J J A T Z P
D E K A D Y U K A N Z Y W M
R Z E Ź B A Y K I Y Y C Y A
M O N E T Y R Y C K B Z K X
B I Ż U T E R I A J O N Ł L
E X W A R T O Ś Ć X A Y Y P
```

SZTUKA	MEBLE
AUTENTYCZNY	OBRAZY
BIŻUTERIA	MONETY
DEKADY	CENA
DEKORACYJNY	JAKOŚĆ
AUKCJA	RZEŹBA
ELEGANCKI	STULECIE
GALERIA	STYL
NIEZWYKŁY	WARTOŚĆ
INWESTYCJA	STARY

50 - Ballet

```
O  X  C  G  E  S  T  L  I  Ł  E  R  F  M
K  F  T  H  T  E  C  H  N  I  K  A  K  U
L  C  Ć  Ś  O  N  T  Ę  J  E  I  M  U  Z
A  M  O  J  A  R  T  S  E  I  K  R  O  Y
S  J  P  E  Z  R  E  C  N  A  T  V  L  K
K  Ł  R  O  T  Y  Z  O  P  M  O  K  O  A
I  P  R  Ó  B  A  F  U  G  X  A  H  S  T
W  D  Z  I  Ę  C  Z  N  Y  R  G  V  M  D
D  M  R  G  M  Y  S  S  I  Q  A  U  A  E
G  J  N  M  T  J  U  W  D  S  R  F  L  B
J  B  N  L  Y  T  S  E  I  N  Ś  Ę  I  M
B  A  L  E  R  I  N  A  H  M  G  Y  M  A
W  Y  R  A  Z  I  S  T  Y  Ł  H  F  L  U
D  P  U  B  L  I  C  Z  N  O  Ś  Ć  B  Y
```

OKLASKI	MIĘŚNIE
BALERINA	MUZYKA
CHOREOGRAFIA	ORKIESTRA
UMIEJĘTNOŚĆ	PUBLICZNOŚĆ
KOMPOZYTOR	PRÓBA
TANCERZE	RYTM
WYRAZISTY	SOLO
GEST	STYL
WDZIĘCZNY	TECHNIKA

51 - Fruit

```
F H P K J W I N O G R O N O
F Z F D A I N Ś I W J C M N
R N B Z B W K Z P X A G I F
W U L T Ł I A L H L I K M M
N M Y W K K G U E L N Z J O
I N U N O L E M G H I O A R
P O M A R A Ń C Z O W Y G E
O Z R W C M A N G O K M O L
Ł I N Z J Y H O H N S A D A
A N A N A S T I S F O L A J
B A N A N I Z R F C Z I W A
G R U S Z K A W Y I R N Y P
T A N Y R A T K E N B A Z A
J A W O K A D O C D A N H P
```

MORELA	KIWI
ANANAS	MANGO
AWOKADO	MELON
JAGODA	NEKTARYNA
BANAN	POMARAŃCZOWY
WIŚNIA	PAPAJA
CYTRYNA	BRZOSKWINIA
FIGA	GRUSZKA
MALINA	JABŁKO
GUAWA	WINOGRONO

52 - Musique

```
L I R Y C Z N Y W H O I M A
I A T E M P O V L Ł R S I R
Y Z C Ś P I E W A Ć Z I K V
N C G I O Ł Z R Ł N T Ł R C
Z C H J S K P Z A R E P O V
C Y O Z S U V K Y F H O F X
I N S T R U M E N T A E O M
N Z S E V I T I Z W R T N E
O C H F M C Y N C O M Y P L
M I A T Y D R A Y K O C B O
R M U B L A A R S A N K T D
A T D C V S C G A L I I P I
H Y O N Ł A D A L L A B C A
Z R H D P C A N K Y Z U M G
```

ALBUM	MIKROFON
BALLADA	MUSICAL
ŚPIEWAĆ	MUZYK
KLASYCZNY	OPERA
NAGRANIE	POETYCKI
HARMONIA	RYTM
HARMONICZNY	RYTMICZNY
INSTRUMENT	TEMPO
LIRYCZNY	WOKAL
MELODIA	

53 - Météo

```
N D V X Z P H D T H B W H A
S R K M L B O Ó X Q U I U T
B J U G G X O L X M R A R M
R F T H R Ł D O A I Z T A O
G S U C H Y A K K R A R G S
L R O B E I N Ł L P N Ł A F
Y E Z C L T R X I W Q Y N E
D Q H M F P O V M Y F Z M R
B E V M O J T C A A E O O A
N E B O K T Ł H T S O S N Z
T R O P I K A L N Y N Y S Y
T Ę C Z A C H M U R A Ł U R
S U S Z A C S P O K Ó J N B
O D T E M P E R A T U R A E
```

TĘCZA	HURAGAN
ATMOSFERA	POLARNY
BRYZA	SUCHY
MGŁA	SUSZA
SPOKÓJ	TEMPERATURA
NIEBO	BURZA
KLIMAT	GRZMOT
LÓD	TORNADO
MONSUN	TROPIKALNY
CHMURA	WIATR

54 - L'Entreprise

```
P  K  Z  Ł  A  Ś  R  B  G  Z  U  T  F  S
O  E  U  V  Q  W  L  Y  I  S  B  Y  W  A
S  I  S  P  H  I  H  B  Z  Z  C  Y  E  J
T  N  A  X  R  A  N  O  L  Y  N  I  H  I
Ę  E  J  T  J  T  U  S  Y  Y  K  E  Z  Ć
P  I  C  Y  M  O  O  A  D  F  D  A  S  Ś
F  N  A  Z  G  W  L  Z  Y  S  H  W  C  O
C  D  T  Ł  S  Y  M  E  Z  R  P  N  W  K
T  U  U  G  A  L  F  D  E  C  Y  Z  J  A
I  R  P  R  E  Z  E  N  T  A  C  J  A  J
T  T  E  M  O  Ż  L  I  W  O  Ś  Ć  M  W
Ł  A  R  N  P  R  O  D  U  K  T  H  T  B
X  Z  V  V  D  Ó  H  C  Y  Z  R  P  I  Q
Z  C  H  Y  Y  Y  Z  C  R  Ó  W  T  C  H
```

BIZNES	PRODUKT
TWÓRCZY	POSTĘP
DECYZJA	JAKOŚĆ
ZATRUDNIENIE	ZASOBY
ŚWIATOWY	PRZYCHÓD
PRZEMYSŁ	REPUTACJA
MOŻLIWOŚĆ	RYZYKA
PREZENTACJA	TRENDY

55 - Gouvernement

```
S Y M B O L P K N O Z F E N
A W V M X P K R H A P H S I
B I A B A Y W A W A R P G E
F S S V I F Y J P L Q Ó Z Z
P W R N A N J O K O P S D A
P R S T A N Y W O D Ą S H L
R O A C I N L E I Z D E U E
S M M W R Ó W N O Ś Ć T F Ż
J V R N O D Y S K U S J A N
E L Y E I W O L N O Ś Ć K O
Y B W T A K Y T I L O P D Ś
U S M O W A C Y W I L N Y Ć
D E M O K R A C J A Y J R N
K O N S T Y T U C J A D I J
```

CYWILNY
KONSTYTUCJA
DEMOKRACJA
MOWA
DYSKUSJA
DZIELNICA
PRAWA
RÓWNOŚĆ
STAN
NIEZALEŻNOŚĆ

SĄDOWY
WOLNOŚĆ
PRAWO
POMNIK
NARÓD
KRAJOWE
SPOKOJNA
POLITYKA
SYMBOL

56 - Randonnée

```
G D Z K O B P S S M I L W W
J Ó Z P I T R Q Ł P A R K I
W A R I S T Z M B O M A M N
T C M A K S Y T U B Ń J C A
Y R F X B I G A Z K Z C J T
Z F H K E Y O M W A M A E U
C I Ę Ż K I T I I M Ę T N R
Z L Y W N E O L E I C N F A
S K M A P A W K R E Z E X D
P O G O D A A I Z N O I B O
I O G Z M T N L Ą I N R J W
Q E W Q H E I D T E Y O Q S
E G N I P M E K Y X D W H O
N M G P R Z E W O D N I K I
```

ZWIERZĄT	POGODA
BUTY	GÓRA
KEMPING	NATURA
MAPA	ORIENTACJA
KLIMAT	PARKI
WODA	KAMIENIE
KLIF	PRZYGOTOWANIE
ZMĘCZONY	DZIKI
PRZEWODNIKI	SŁOŃCE
CIĘŻKI	SZCZYT

57 - Nutrition

```
W  Ę  G  L  O  W  O  D  A  N  Y  S  W  H
T  R  A  W  I  E  N  I  E  W  I  T  O  E
Z  R  Ó  W  N  O  W  A  Ż  O  N  Y  X  S
F  N  C  P  A  G  G  K  D  N  J  L  Z  K
E  F  B  R  V  Ł  O  Ł  F  I  S  I  V  A
R  I  T  Z  V  P  R  A  N  Z  E  J  Q  L
M  Ł  W  Y  H  S  Z  I  O  D  T  T  Ł  O
E  T  I  P  T  K  K  B  L  R  Y  Z  A  R
N  O  T  R  U  E  I  Ć  Ś  O  K  A  J  I
T  K  A  A  Y  S  P  M  A  W  C  S  N  E
A  S  M  W  O  O  Ł  A  M  Y  W  A  G  A
C  Y  I  I  Y  Y  X  S  M  A  K  X  L
J  N  N  S  F  S  N  Z  D  R  O  W  I  E
A  A  A  A  Ł  I  Y  N  L  A  D  A  J  Z
```

GORZKI	PŁYNY
APETYT	WAGA
KALORIE	BIAŁKA
JADALNY	JAKOŚĆ
DIETA	ZDROWY
TRAWIENIE	ZDROWIE
PRZYPRAWY	SOS
ZRÓWNOWAŻONY	SMAK
FERMENTACJA	TOKSYNA
WĘGLOWODANY	WITAMINA

58 - Créativité

```
W  A  R  T  Y  S  T  Y  C  Z  N  Y  A  U
B  Y  Ł  S  Y  M  O  P  E  U  O  B  C  A
Ć  Ś  O  T  S  Y  Z  R  J  E  Z  R  P  U
Ś  B  F  B  W  Q  S  N  C  J  J  Ć  O  T
O  G  A  I  R  R  J  O  O  Z  L  Ś  B  E
N  Z  J  T  U  A  A  U  M  I  A  O  R  N
N  I  S  U  Q  O  Ź  Ż  E  W  Z  N  A  T
Y  Y  A  D  I  Y  P  N  E  O  B  T  Z  Y
Ł  W  P  P  V  D  Y  Z  I  N  C  Ę  M  C
P  I  N  T  U  I  C  J  A  A  I  J  B  Z
W  Y  N  A  L  A  Z  C  Z  Y  C  E  R  N
D  R  A  M  A  T  Y  C  Z  N  Y  I  Ł  O
I  N  S  P  I  R  A  C  J  A  J  M  C  Ś
U  C  Z  U  C  I  E  J  C  V  V  U  T  Ć
```

ARTYSTYCZNY	OBRAZ
AUTENTYCZNOŚĆ	WYOBRAŹNIA
PRZEJRZYSTOŚĆ	WRAŻENIE
UMIEJĘTNOŚĆ	INSPIRACJA
DRAMATYCZNY	INTUICJA
EMOCJE	WYNALAZCZY
PŁYNNOŚĆ	UCZUCIE
POMYSŁY	WIZJE

59 - Science Fiction

```
B  T  E  C  H  N  O  L  O  G  I  A  Q  A
F  A  N  T  A  S  T  Y  C  Z  N  Y  Y  I
P  W  Y  I  M  A  G  I  N  O  W  A  N  Y
K  L  V  Ś  S  K  R  A  J  N  Y  A  Z  Z
S  I  A  S  W  F  U  C  U  T  Y  T  C  C
I  L  U  N  Ń  I  Z  K  P  Ł  T  O  Y  I
Ą  U  Z  J  E  E  A  K  I  N  O  M  T  N
Ż  Z  V  I  I  T  W  T  O  B  O  S  M  M
K  J  G  N  G  Ł  A  Y  G  S  O  W  Y  E
I  A  I  P  O  T  U  Ł  B  R  R  Y  R  J
G  A  L  A  K  T  Y  K  A  U  S  W  U  A
L  B  Z  S  U  I  R  A  N  E  C  S  T  T
W  Y  R  O  C  Z  N  I  A  T  M  H  U  N
R  E  A  L  I  S  T  Y  C  Z  N  Y  F  D
```

ATOMOWY	KSIĄŻKI
KINO	ŚWIAT
WYBUCH	TAJEMNICZY
SKRAJNY	WYROCZNIA
FANTASTYCZNY	PLANETA
OGIEŃ	REALISTYCZNY
FUTURYSTYCZNY	ROBOTY
GALAKTYKA	SCENARIUSZ
ILUZJA	TECHNOLOGIA
WYIMAGINOWANY	UTOPIA

60 - Professions #1

```
P  L  E  K  A  R  Z  K  H  F  V  A  T  M
S  Z  P  C  T  P  L  W  Y  O  K  S  A  Y
Y  O  A  R  O  T  K  A  D  E  R  T  N  Ś
C  E  F  A  R  G  O  T  R  A  K  R  C  L
H  S  R  R  K  I  N  W  A  R  P  O  E  I
O  G  E  O  L  O  G  J  U  V  X  N  R  W
L  T  K  D  O  J  W  U  L  A  S  O  Z  Y
O  R  O  A  B  E  Y  B  I  T  W  M  M  B
G  E  P  S  G  D  B  I  K  S  J  G  T  A
M  N  Y  A  T  M  A  L  H  Y  G  P  U  N
F  E  J  B  C  W  L  E  F  T  Z  M  V  K
O  R  P  M  L  M  U  R  Y  R  A  U  X  I
H  F  K  A  Ż  A  R  T  S  A  N  F  M  E
P  I  E  L  Ę  G  N  I  A  R  K  A  K  R
```

AMBASADOR	TRENER
ARTYSTA	REDAKTOR
ASTRONOM	GEOLOG
PRAWNIK	PIELĘGNIARKA
BANKIER	LEKARZ
JUBILER	MUZYK
KARTOGRAF	HYDRAULIK
MYŚLIWY	STRAŻAK
TANCERZ	PSYCHOLOG

61 - Géologie

```
K O N T Y N E N T Ł O P K T
O S P A K R Y S Z T A Ł Y C
O K Ł P K O Q B Ł L J F O I
V A A Ł K L V K W B Z G M E
W M S G A S U T Ł N O M D K
A I K E M T Ł W L A R O K Ł
R E O J I A Q W M A E Ń S Y
S N W Z E L T H I T W P T G
T I Y E Ń A I D N O S A R W
W A Ż R D K Z C E R Ó W E B
A Ł Ł Q U T K Z R G L U F A
N O V S K Y W Y A A I I A R
X Ś Y J H T A A Ł M W J N N
E Ć N I E U S U Y N E K A Q
```

KWAS	GEJZER
WAPŃ	LAWA
GROTA	MINERAŁY
KONTYNENT	KAMIEŃ
KORAL	PŁASKOWYŻ
WARSTWA	KWARC
KRYSZTAŁY	SÓL
EROZJA	STALAKTYT
CIEKŁY	WULKAN
SKAMIENIAŁOŚĆ	STREFA

62 - Cirque

```
S P E K T A K U L A R N Y B
T P Y T R T Y G R Y S P N A
C U K I E R E K W E L S H L
K A S R L L T K I A Ł Y M O
O K N E G M I Ł D K P T R N
S R H Q N E M B Z Y G Ł M Y
T O H T O I M A N Z N W A W
I B P B Ż F U N Z U D X G M
U A O P Ł X Z O O M B F I M
M T K K Z W I E R Z Ą T K A
L A A L S T K K R S U Y S G
S C Z A D A R A P Ł B Z K I
X G A U K A X H H O R Q T A
M K Ć N X N L R O Ń C L R L
```

AKROBATA	MAGIK
ZWIERZĄT	MAGIA
BALONY	POKAZAĆ
BILET	MUZYKA
CUKIEREK	PARADA
KLAUN	MAŁPA
KOSTIUM	SPEKTAKULARNY
SŁOŃ	WIDZ
ŻONGLER	NAMIOT
LEW	TYGRYS

63 - Jardin

```
A  J  A  E  F  T  M  F  K  Q  K  W  Ł  Ł
O  S  N  C  V  K  R  U  I  E  W  I  H  D
Q  U  I  Ł  H  O  K  A  N  I  I  N  W  H
F  Y  L  Ż  Ą  W  O  K  W  B  A  O  P  K
O  F  O  A  O  E  A  X  A  A  T  R  S  L
S  Z  P  R  D  Z  Ł  S  R  R  G  O  J  M
D  T  M  A  K  R  A  A  T  G  E  Ś  X  B
Z  K  A  G  K  D  W  R  O  Y  N  L  S  G
D  D  R  W  A  X  K  A  M  A  H  T  A  C
Z  E  T  D  Z  W  A  T  A  P  O  Ł  D  G
S  Z  O  G  R  O  D  Z  E  N  I  E  Ó  L
M  S  Q  K  K  D  T  P  I  B  H  R  R  E
D  E  Ł  V  K  J  A  T  X  D  Ł  F  G  B
N  H  K  K  I  Ł  B  D  H  K  K  T  O  A
```

DRZEWO	CHWASTY
ŁAWKA	ŁOPATA
KRZAK	TRAWNIK
OGRODZENIE	GRABIE
STAW	GLEBA
KWIAT	TARAS
GARAŻ	TRAMPOLINA
HAMAK	WĄŻ
TRAWA	SAD
OGRÓD	WINOROŚL

64 - Santé et Bien Être #1

```
D T V C I A I P A R E T H L
F D G L H K Y W A N Q G U E
Z Ó Q A Y T A K E T P A H K
W Ł D S P Y R O L B M Y Y A
A G A Z Y W Ó D Ł I S S Ł R
W K G M L N K R V Y N G F Z
A Y V E A Y S U F A M I G Z
T C S Y A N Y C Y D E M K B
S F K O N A I H O B Ł D O A
O K A L K O F E I N Ś Ę I M
P O L Z A O L E C Z E N I E
Y Ś E Q W W Ś H O R M O N Y
S C R V S X G Ć W I R U S N
A I R E T K A B X W W U K E
```

AKTYWNY	MIĘŚNIE
BAKTERIA	KOŚCI
KLINIKA	SKÓRA
GŁÓD	APTEKA
ZŁAMANIE	POSTAWA
NAWYK	RELAKS
WYSOKOŚĆ	ODRUCH
HORMONY	TERAPIA
LEKARZ	LECZENIE
MEDYCYNA	WIRUS

65 - Barbecues

```
S  U  M  I  C  S  U  F  V  G  Y  O  P  K
V  J  B  G  E  F  A  V  V  F  U  B  D  R
K  C  O  W  O  G  O  R  Ą  C  Y  I  J  Z
N  C  W  A  G  P  C  H  M  S  A  A  I  V
L  L  I  R  G  Y  I  E  Ż  O  N  D  S  Q
I  Ó  J  Z  H  P  C  E  B  S  C  E  L  O
K  S  S  Y  R  G  E  Ł  P  U  L  A  T  O
T  U  M  W  G  K  I  T  X  R  L  T  I  V
A  O  R  A  N  I  Z  D  O  R  Z  E  J  U
Ł  B  V  C  W  I  D  E  L  C  E  Z  V  C
A  T  O  T  Z  M  M  G  Ł  Ó  D  A  R  I
S  I  Z  K  G  A  K  Y  Z  U  M  Z  X  Y
O  H  Y  E  O  D  K  G  H  W  C  D  D  P
S  B  P  O  M  I  D  O  R  Y  Ł  Ł  H  M
```

GORĄCY	GRY
NOŻE	WARZYWA
OBIAD	MUZYKA
DZIECI	CEBULE
LATO	PIEPRZ
GŁÓD	KURCZAK
RODZINA	SAŁATKI
WIDELCE	SOS
OWOC	SÓL
GRILL	POMIDORY

66 - Animaux de Compagnie

```
B P A K R U Z C Z S A J W D
T N A B R D H X C U B Q O W
G Y N O D Ó W Q Y Ł Y Y D K
K E T O K Y L U M Z R S A E
O P A P U G A I S H A Z F A
Z S Y M J B A R K I M O H C
A K E S Z C Z E N I A K H S
W B O I B B R Ż Y W N O Ś Ć
O V E Ł P M Ł O P W X Q H E
R D G D N I E F A L R M L Y
K Q Q U U I U S Ł Y G G Q Ł
O G O N P A E E K E Ż Ó Ł W
P A Z U R Y J R O Y J L N C
A M Y D L V E L Z K O T E R
```

KOT	KRÓLIK
KOTEK	JASZCZURKA
KOZA	ŻYWNOŚĆ
PIES	ŁAPY
SZCZENIAK	PAPUGA
KOŁNIERZ	RYBA
WODA	OGON
PAZURY	MYSZ
CHOMIK	ŻÓŁW
SMYCZ	KROWA

67 - Ferme #1

```
U F T Z Ł C W P O G A Ł W V
K R O W A Z O K O S Ł W C O
Q E K B Z Ó R Y Ż L I W K G
P Ń M Z C W Q W J N E O I R
W R O N A A D O W U Q V Ł O
Ł Ę N K Q N B I Z O N J K D
Q L A O Z S X Y Ł U L U U Z
S E I P S Z C Z O Ł A N R E
U I S Q R M N Y F G F Ś C N
E C U R N M J U N D P W Z I
U D V U T I D I W G Y I A E
T O T F B Ó Y J V B B N K C
L Ł B Z R D A B F B Ł I P A
E R O L N I C T W O G A U N
```

PSZCZOŁA	ŚWINIA
ROLNICTWO	WRONA
OSIOŁ	WODA
BIZON	NAWÓZ
POLE	SIANO
KOT	MIÓD
KOŃ	KURCZAK
KOZA	RYŻ
PIES	KROWA
OGRODZENIE	CIELĘ

68 - Café

```
P  G  E  C  F  C  Y  W  K  V  T  Ł  W  C
I  Q  A  I  I  A  N  A  I  M  D  O  Ć  O
E  G  G  E  L  K  Ś  X  S  D  X  W  I  L
C  E  C  C  T  N  A  R  O  M  A  T  L  J
Z  B  W  Z  R  A  W  G  E  C  Q  T  E  P
O  R  O  H  Y  Ż  K  U  O  I  H  U  I  P
N  R  D  G  J  I  T  M  E  R  K  A  M  S
Y  M  A  X  M  L  E  K  O  L  Z  U  P  Y
N  A  P  Ó  J  I  R  T  D  R  H  K  C  C
M  Y  L  Q  S  F  S  I  F  T  A  Q  I  E
P  O  C  H  O  D  Z  E  N  I  E  N  F  N
Z  V  B  I  Y  K  O  F  E  I  N  A  O  A
C  Z  A  R  N  Y  N  E  G  B  Z  M  A  Ł
E  O  N  Ł  I  L  L  J  Q  F  Z  J  T  H
```

KWAŚNY
GORZKI
AROMAT
NAPÓJ
KOFEINA
KREM
WODA
FILTR
MLEKO
CIECZ

RANO
MIELIĆ
CZARNY
POCHODZENIE
CENA
PIECZONY
SMAK
CUKIER
FILIŻANKA
ODMIANA

69 - Antarctique

```
H A Z S Ś N A U K O W Y B Y
U V C I X R G L Y M I P W X
P T A K I F O E S U C S R A
O D D S N S Y D G O B Y L I
V Z A D O W W D O Y D W U E
P E B Z J O F E C W O D O L
W Y P R A W A L J B I L Ó D
T E M P E R A T U R A S T A
S K A L I S T Y H J K O K N
O V P Ó Ł W Y S E P O K B O
K O N T Y N E N T I T C M R
M I G R A C J A M G A L C H
G E O G R A F I A C Z O A C
M I N E R A Ł Y S K H Y S O
```

ZATOKA	LODOWCE
BADACZ	WYSPY
OCHRONA	MIGRACJA
KONTYNENT	MINERAŁY
WODA	PTAKI
ŚRODOWISKO	PÓŁWYSEP
WYPRAWA	SKALISTY
GEOGRAFIA	NAUKOWY
LÓD	TEMPERATURA

70 - Professions #2

```
F  A  S  T  R  O  N  A  U  T  A  B  Ł  O
D  O  V  W  Z  F  O  Z  O  L  I  F  A  X
Z  B  T  O  L  I  P  G  Z  R  A  L  A  M
I  I  M  O  R  O  T  A  R  T  S  U  L  I
E  O  Q  B  G  R  D  B  A  O  Z  H  M  Z
N  L  B  Y  E  R  J  S  K  O  D  M  R  W
N  O  A  N  Z  R  A  K  E  L  W  N  H  Y
I  G  L  F  X  U  B  F  T  K  E  I  I  T
K  C  H  I  R  U  R  G  O  P  Ł  B  Q  K
A  T  S  Y  T  N  E  D  I  J  U  W  I  E
R  N  R  L  A  C  Z  A  L  A  N  Y  W  T
Z  B  A  D  A  C  Z  N  B  M  T  X  Q  E
I  N  Ż  Y  N  I  E  R  I  T  F  T  D  D
Z  O  O  L  O  G  S  A  B  Q  J  K  T  B
```

ASTRONAUTA	WYNALAZCA
BIBLIOTEKARZ	OGRODNIK
BIOLOG	DZIENNIKARZ
BADACZ	LEKARZ
CHIRURG	MALARZ
DENTYSTA	FILOZOF
DETEKTYW	FOTOGRAF
ILUSTRATOR	PILOT
INŻYNIER	ZOOLOG

71 - Les Abeilles

```
O Ż K A J D G T R E W H F D
G M Y D Ć E Y C Ó K M O B D
R U T W Ą C N M Ż O P Q S E
Ó K A Y Ń I B N S M X G K
D C I N T O L U O Y I A O Ł
S T W T I Ł Ś F R S Ó W Z B
V K K S W S O Ć O T D K P D
O P R Y K E R K D E G R H P
E D T Z O W O C N M J Ó R Y
C Z L R Y U K H O W Q L L Ł
S L K O F D W B Ś B O O D E
X L V K U M Ł O Ć V C W V K
I T Q C E Q D A W O J A V I
Z M O Z D S I E D L I S K O
```

SKRZYDŁA
KORZYSTNY
WOSK
RÓŻNORODNOŚĆ
RÓJ
EKOSYSTEM
KWITNĄĆ
KWIATY
OWOC
DYM

SIEDLISKO
OWAD
OGRÓD
MIÓD
ŻYWNOŚĆ
ROŚLINY
PYŁEK
KRÓLOWA
UL
SŁOŃCE

72 - Santé et Bien Être #2

```
A  K  B  T  S  A  A  F  O  Ł  A  I  C  O
I  N  X  X  W  P  P  Y  D  E  E  I  M  D
G  K  A  R  J  Z  E  U  Ż  A  S  A  M  W
R  X  W  T  M  J  T  C  Y  M  E  J  G  O
E  O  C  G  O  F  Y  D  W  E  R  K  E  D
N  D  Q  R  Z  M  T  J  I  I  T  D  N  N
E  N  Z  P  X  M  I  N  A  N  S  I  E  I
H  I  G  I  E  N  A  A  N  F  W  E  T  E
X  V  Z  D  R  O  W  Y  I  E  A  T  Y  N
A  L  E  R  G  I  A  X  E  K  G  A  K  I
K  A  L  O  R  I  A  V  E  C  A  O  A  E
C  H  O  R  O  B  A  Ł  Z  J  Q  G  K  H
S  Z  P  I  T  A  L  W  E  A  U  I  U  X
W  I  T  A  M  I  N  A  Y  G  L  T  Y  K
```

ALERGIA	HIGIENA
ANATOMIA	INFEKCJA
APETYT	CHOROBA
KALORIA	MASAŻ
CIAŁO	ODŻYWIANIE
ODWODNIENIE	WAGA
DIETA	ZDROWY
ENERGIA	KREW
GENETYKA	STRES
SZPITAL	WITAMINA

73 - Conduite

```
P  Ć  N  E  E  X  U  R  K  D  T  A  A  P
D  U  Ś  T  P  I  E  S  Z  Y  R  X  T  K
A  U  T  O  B  U  S  Y  P  N  O  O  A  E
C  Z  C  I  K  S  D  T  P  A  P  W  G  K
I  B  Y  I  K  D  M  A  P  A  S  Y  M  A
L  O  I  W  Ę  K  Ę  H  S  G  N  P  O  J
U  W  T  L  N  Ż  F  R  S  A  A  A  T  C
S  I  L  N  I  K  A  H  P  R  R  D  O  N
R  L  E  E  F  H  J  R  Ł  A  T  E  C  E
K  A  N  X  J  G  C  T  Ó  Ż  D  K  Y  C
Z  P  U  L  N  G  I  H  X  W  Ł  I  K  I
L  H  T  P  B  A  L  B  W  V  K  W  L  L
H  B  Z  N  D  Z  O  O  H  O  S  A  N  Ł
H  O  H  M  F  N  P  H  A  M  U  L  C  E
```

WYPADEK	SILNIK
AUTOBUS	MOTOCYKL
CIĘŻARÓWKA	PIESZY
PALIWO	POLICJA
MAPA	DROGA
HAMULCE	ULICA
GARAŻ	TRANSPORT
GAZ	TUNEL
LICENCJA	PRĘDKOŚĆ

74 - Plantes

```
D K S N P D T W F R B K G P
P J L K J R D L A O A R E Ł
N M R K E F E W S S M Z Ź A
V P Ł Z Y W O A N B A R T
B O T A N I K A L Ą U K Ó E
T N W M E C H H A Ć S B D K
R A A E K A K T U S A M Ł B
A W Z E Z W H X K F H Ł O Q
W Ó Ł K J R B L W Y L X B Q
A Z H Z L A D O G A J O C M
B L X B L U S Z C Z L I R H
L I Ś C I L O G R Ó D J I A
V C K L Y T A I W K S J D F
F C V U F X Z S G A U M N S
```

DRZEWO   LAS
JAGODA   ROSNĄĆ
BAMBUS   FASOLA
BOTANIKA   TRAWA
KRZAK   OGRÓD
KAKTUS   BLUSZCZ
NAWÓZ   MECH
LIŚCI   PŁATEK
KWIAT   ŹRÓDŁO
FLORA

75 - Ferme #2

```
T  W  S  O  T  N  O  K  E  L  M  C  H  J
D  Q  U  L  Z  Z  R  E  T  S  A  P  O  Ę
W  A  R  Z  Y  W  O  I  W  X  K  M  B  C
P  Y  G  Ł  E  V  A  N  R  V  Ą  R  A  Z
B  Z  P  O  A  M  P  A  Y  H  Ł  Z  K  M
G  Y  Z  P  Z  T  Ę  I  N  G  A  J  Z  I
E  B  P  K  Ć  Ś  O  N  W  Y  Ż  R  C  E
C  I  Ą  G  N  I  K  D  R  I  S  O  A  Ń
N  O  W  I  N  J  O  A  Y  P  B  L  K  T
B  H  W  B  T  T  W  F  W  O  N  U  S
J  J  N  O  U  W  Z  A  S  I  W  I  B  T
S  T  O  D  O  Ł  A  N  A  P  C  K  A  Y
Z  W  I  E  R  Z  Ą  T  D  D  E  T  G  Ł
W  Z  A  R  P  A  P  S  Z  E  N  I  C  A
```

JAGNIĘ	LAMA
ROLNIK	WARZYWO
ZWIERZĄT	OWCE
PASTERZ	ŻYWNOŚĆ
PSZENICA	JĘCZMIEŃ
KACZKA	ŁĄKA
OWOC	UL
STODOŁA	CIĄGNIK
NAWADNIANIE	SAD
MLEKO	

76 - Vacances #2

```
M P P A S Z P O R T F R K W
A L T P P F E O T P F N E Y
P A W A K A C J E Z R O M P
A Ż P O C I Ą G U E Y W P O
W A J C A R U A T S E R I C
F T R O P S N A R T F N N Z
Q X S L K K I O O C A A G Y
W I Z A P S Y W S N Y I H N
C U D Z O Z I E M I E C O E
H U Q L P W X N Q P K Ę T K
R E V X C N A B T M M J E W
P O D R Ó Ż T L T O I D L Q
R E Z E R W A C J E L Z X M
I K N A M I O T R I H G F T
```

LOTNISKO	PLAŻA
KEMPING	RESTAURACJA
MAPA	REZERWACJE
CUDZOZIEMIEC	TAXI
HOTEL	NAMIOT
WYSPA	POCIĄG
WYPOCZYNEK	TRANSPORT
MORZE	WAKACJE
PASZPORT	WIZA
ZDJĘCIA	PODRÓŻ

77 - Temps

```
P  H  W  G  B  P  C  R  P  I  G  O  C  G
Ń  R  L  Ł  P  R  E  O  J  X  P  A  C  P
E  A  Z  O  K  Z  I  C  O  N  G  Q  A  Z
I  G  A  Y  N  E  N  Z  H  F  O  N  A  R
Z  E  R  S  S  D  D  N  O  I  D  P  T  A
D  Z  E  U  K  Z  U  E  P  R  Z  Ł  U  D
Y  Z  T  R  H  K  Ł  K  H  I  I  X  N  N
T  V  I  M  S  D  O  O  J  V  N  S  I  E
N  V  T  E  B  M  P  R  Ś  Ł  A  L  M  L
C  U  E  G  Ń  B  T  C  L  Ć  Ł  U  A  A
W  C  Z  O  R  A  J  D  E  K  A  D  A  K
W  K  R  Ó  T  C  E  M  I  E  S  I  Ą  C
S  T  U  L  E  C  I  E  H  T  O  E  Ł  A
K  P  G  O  Q  E  I  M  F  N  E  K  C  D
```

ROK	ZEGAR
ROCZNE	DZIEŃ
PO	TERAZ
PRZED	RANO
WKRÓTCE	POŁUDNIE
KALENDARZ	MINUTA
DEKADA	MIESIĄC
PRZYSZŁOŚĆ	NOC
GODZINA	TYDZIEŃ
WCZORAJ	STULECIE

78 - Maison

```
J  K  V  D  A  C  X  V  Y  P  H  K  Ł  R
A  U  D  Ó  C  P  O  C  N  Z  V  O  J  O
H  C  Y  R  T  S  R  G  O  P  A  M  P  G
L  H  Ł  G  L  Z  T  Y  Ł  L  Y  I  O  R
M  N  Y  O  A  G  S  F  S  E  J  N  K  O
T  I  F  U  S  Y  U  G  A  Z  Y  E  Ó  D
Ż  A  R  A  G  O  L  K  Z  C  N  K  J  Z
R  U  P  S  L  O  K  N  L  U  N  I  H  E
O  H  Z  M  D  B  C  N  U  L  Y  P  C  N
B  U  A  N  A  I  C  Ś  O  K  D  Y  A  I
D  R  Z  W  I  L  H  Z  K  N  Y  S  D  E
B  I  B  L  I  O  T  E  K  A  W  B  Y  Y
Y  N  K  Z  F  U  P  I  J  N  A  F  V  X
M  I  O  T  Ł  A  X  H  M  W  N  M  V  T
```

MIOTŁA	STRYCH
BIBLIOTEKA	OGRÓD
POKÓJ	LAMPA
KOMINEK	LUSTRO
KLUCZE	ŚCIANA
OGRODZENIE	SUFIT
KUCHNIA	DRZWI
PRYSZNIC	ZASŁONY
OKNO	DYWAN
GARAŻ	DACH

79 - Légumes

```
S H B O P O M I D O R M S O
M Z F O G Z Q M Ł F X A Z L
U L A D X Ó I M B I R R P I
X R T L N A R E I J J C I W
C Z H C O R G E Y S V H N A
Z O Ł X G T Q H K L H E A E
O D H Y Ł U K O R B C W K F
S K A S H T P A X Z O K B Y
N I G A C E B U L A Z A J Q
E E R Ł S R K F D F C G P Y
K W Z A E Z M N J Q R J B O
O K Y T L E B A K Ł A Ż A N
Q A B K E P X Q N D K B P M
L F Ł A R A I N Y D D H L K
```

CZOSNEK	SZPINAK
KARCZOCH	IMBIR
BAKŁAŻAN	RZEPA
BROKUŁY	CEBULA
MARCHEWKA	OLIWA
SELER	GROCH
GRZYB	RZODKIEWKA
DYNIA	SAŁATKA
OGÓREK	POMIDOR
SZALOTKA	

80 - Famille

```
D W B X E I Ż O N A O P S M
D Z U R A N Ą Y Y R J Q I A
Z C I J A F M M L T C E O C
I P K A E T J A R S I D S I
E C S K D K S T P O E Z T E
C Q W R D E C K N I C I R R
I W O Ó Z N K A O S Ł E Z Z
Ń F C C I A Q Y H W P C E Y
S M J F E T G J A E R K N Ń
T Q O F C A M Ł R P Z O I S
W B X N I R R A K T O I C K
O G A Ł Q B R S P L D B A I
K U Z Y N Y Y F N K E K V Q
B A B C I A O I D U K G O R
```

PRZODEK	MĄŻ
KUZYN	MACIERZYŃSKI
DZIECIŃSTWO	MATKA
DZIECKO	BRATANEK
DZIECI	SIOSTRZENICA
ŻONA	WUJEK
CÓRKA	OJCOWSKI
BRAT	OJCIEC
BABCIA	SIOSTRA
DZIADEK	CIOTKA

81 - Oiseaux

```
Q G R G B B F Z B K G R S T
A H G O G K Ł U O U H Ę C U
U B E Ł E Z R O C R D D Ś K
I O U Ą F A I W I C K V T A
H L E B Ó R W A A Z C V N N
P I N G W I N K N A Z W G S
K A C Z K A Ś Ł A K A R F C
Q M O R P A P U G A P O L Ł
P Q S E E H M K R I L N A A
N A K I L E P U R T A A M B
L Ł W C Q P P K P X S D I Ę
J A J K O Q P M E W A Q N D
H H J Y E Q O L E N H V G Ź
U C Ł B M G E B R H H P K I
```

ORZEŁ	PINGWIN
STRUŚ	WRÓBEL
KACZKA	MEWA
BOCIAN	JAJKO
GOŁĄB	GĘŚ
WRONA	PAW
KUKUŁKA	PAPUGA
ŁABĘDŹ	PELIKAN
FLAMING	KURCZAK
CZAPLA	TUKAN

82 - Disciplines Scientifiques

```
M  J  A  K  Y  T  O  B  O  R  G  I  B  Z
I  E  A  I  M  O  T  A  N  A  E  M  U  L
N  E  B  U  M  T  I  X  E  V  O  M  B  V
E  X  S  C  P  E  K  X  O  E  L  U  O  F
R  H  V  Y  U  E  H  L  T  Z  O  N  T  I
A  I  G  O  L  O  J  C  O  S  G  O  A  Z
L  C  H  E  M  I  A  T  O  W  I  L  N  J
O  B  I  O  L  O  G  I  A  I  A  O  I  O
G  M  E  C  H  A  N  I  K  A  B  G  K  L
I  A  S  T  R  O  N  O  M  I  A  I  A  O
A  N  E  U  R  O  L  O  G  I  A  A  S  G
P  S  Y  C  H  O  L  O  G  I  A  I  G  I
D  Y  E  A  I  G  O  L  O  E  H  C  R  A
M  E  T  E  O  R  O  L  O  G  I  A  I  D
```

ANATOMIA	MECHANIKA
ARCHEOLOGIA	METEOROLOGIA
ASTRONOMIA	MINERALOGIA
BIOCHEMIA	NEUROLOGIA
BIOLOGIA	FIZJOLOGIA
BOTANIKA	PSYCHOLOGIA
CHEMIA	ROBOTYKA
GEOLOGIA	SOCJOLOGIA
IMMUNOLOGIA	

83 - Univers

```
G X C G M Q N C W N P Y A G
A A B J J Ł N S I D Ó G S O
S A L W I O D J D E Ł T T J
T K S A K A I D O Z K W R R
R T O T K L E H C D U Y O N
O N W S E T R Ł Z Ł L N N L
N O E T M R Y M N Y A Z O Ć
O Z V E G I O K Y N T C M Ś
M Y U L F A C I A N I E B O
I R D E X K L Z D Z B N E N
A O H S X Y C S N A R O Z M
O H E K J Y C I X Y O Ł F E
W R B O P F C Y Ż Ę I S K I
O Q V P R Ó W N I K A F U C
```

ASTEROIDA
ASTRONOM
ASTRONOMIA
NIEBO
KOSMICZNY
EON
RÓWNIK
GALAKTYKA
PÓŁKULA

HORYZONT
KSIĘŻYC
CIEMNOŚĆ
ORBITA
SŁONECZNY
TELESKOP
WIDOCZNY
ZODIAK

84 - Géographie

```
R D O T S A I M P V D A W A
M Ó L N S M I Y L W D P Y T
F H W E L F M O R Z E W S L
P C N N Ł W T K A R Ó G P A
B A K Y I J A R K E F P A S
Ł Z I T E K I M Ł G V Ł N X
G R N N P R W C U I M A P A
G U D O R Ć Ś O K O S Y W C
Q X U K M I U I F N A E C O
P O Ł U D N I E A A K N D N
Q U O P Ó Ł K U L A E W K Ł
O V P D L D Q B D M Z Z V Ó
K U O M U I R O T Y R E T P
A Y H P I P U G E P O R D F
```

WYSOKOŚĆ	ŚWIAT
ATLAS	GÓRA
MAPA	PÓŁNOC
KONTYNENT	OCEAN
RÓWNIK	ZACHÓD
RZEKA	KRAJ
PÓŁKULA	REGION
WYSPA	POŁUDNIE
MORZE	TERYTORIUM
POŁUDNIK	MIASTO

85 - Danse

```
K  S  Z  T  U  K  A  H  C  U  R  A  N  Y
O  U  U  M  G  M  I  E  E  F  E  Y  S  J
K  X  L  R  A  D  O  S  N  Y  N  H  T  R
S  W  Y  T  B  M  A  X  T  F  T  S  T  M
S  U  W  W  U  X  G  A  B  Ó  R  P  C  K
Q  K  S  L  E  R  O  K  O  Ł  A  I  C  U
T  A  I  U  W  U  A  S  T  X  P  J  E  L
Y  N  J  Y  C  Y  D  A  R  T  J  J  M  T
P  O  S  T  A  W  A  Ł  K  D  R  G  O  U
A  K  A  D  E  M  I  A  I  Y  N  Ł  C  R
W  Y  R  A  Z  I  S  T  Y  T  Z  J  J  A
Ł  H  W  I  Z  U  A  L  N  Y  J  U  A  L
C  H  O  R  E  O  G  R  A  F  I  A  M  N
W  P  K  L  A  S  Y  C  Z  N  Y  Y  P  Y
```

AKADEMIA	RADOSNY
SZTUKA	RUCH
CHOREOGRAFIA	MUZYKA
KLASYCZNY	PARTNER
CIAŁO	POSTAWA
KULTURA	PRÓBA
KULTURALNY	RYTM
WYRAZISTY	SKOK
EMOCJA	TRADYCYJNY
ŁASKA	WIZUALNY

86 - Bâtiments

```
T E K R A M R E P U S U O L
W X L E T O H D Ł B Z N B A
E L P A M U E Z U M K I S B
C N B S T A D I O N O W E O
N A M I O T Z N N Z Ł E R R
W A M B A S A D A F A R W A
T I H C Ż W I O B F S S A T
Ł R E K A B I N A S Z Y T O
N E I Ż R Z J I U T P T O R
T M Z U A K J K V O I E R I
M E R L G B L D B D T T I U
Q Ł A O N B W V V O A Z U M
K P X T I F W G V Ł L A M E
O U F W R G X Ł F A L O K Q
```

AMBASADA	LABORATORIUM
KABINA	MUZEUM
ZAMEK	OBSERWATORIUM
KINO	STADION
SZKOŁA	SUPERMARKET
GARAŻ	NAMIOT
STODOŁA	TEATR
SZPITAL	WIEŻA
HOTEL	UNIWERSYTET

87 - Activités et Loisirs

```
W  L  W  Q  H  H  B  R  G  P  F  C  H  A
O  L  W  Y  U  Z  O  S  M  O  R  E  O  E
Z  A  U  I  Ś  V  K  Y  E  N  L  L  B  I
K  B  N  K  B  C  S  R  U  O  A  F  B  N
G  E  J  W  R  B  I  K  Z  E  Z  Q  Y  A
T  S  M  W  D  I  F  G  K  B  E  G  U  W
E  A  Q  P  S  H  P  X  I  S  R  S  K  Y
N  B  A  A  I  K  W  Ó  R  D  Ę  W  X  Ł
I  E  V  C  A  N  Ż  O  N  A  K  Ł  I  P
S  O  Ł  X  F  H  G  N  I  F  R  U  S  Z
O  D  P  R  Ę  Ż  A  J  Ą  C  Y  V  M  Z
I  K  O  S  Z  Y  K  Ó  W  K  A  Z  K  A
S  I  A  T  K  Ó  W  K  A  K  U  T  Z  S
M  A  L  A  R  S  T  W  O  E  Q  T  E  I
```

SZTUKA	PŁYWANIE
BASEBALL	HOBBY
KOSZYKÓWKA	MALARSTWO
BOKS	WĘDRÓWKI
KEMPING	ODPRĘŻAJĄCY
WYŚCIGI	SURFING
PIŁKA NOŻNA	TENIS
GOLF	SIATKÓWKA

88 - Livres

```
W  B  B  N  A  R  R  A  T  O  R  Z  P  H
K  I  K  C  A  R  E  T  I  L  D  K  O  I
K  P  E  B  Z  Ć  Ś  E  I  W  O  P  E  S
O  R  N  R  G  C  A  P  S  A  O  Y  Z  T
L  Z  T  O  S  A  L  I  F  T  D  L  J  O
E  Y  O  T  A  Z  B  C  Z  S  R  E  A  R
K  G  T  U  Q  Q  F  K  S  D  K  O  H  I
C  O  S  A  X  Y  A  I  U  Q  J  D  N  A
J  D  I  D  U  A  L  I  Z  M  B  P  T  A
A  A  V  H  I  S  T  O  R  Y  C  Z  N  Y
C  Z  Y  T  E  L  N  I  K  E  Y  D  B  Q
K  O  N  T  E  K  S  T  H  J  S  P  X  D
H  U  M  O  R  Y  S  T  Y  C  Z  N  Y  S
M  L  B  W  Y  N  A  L  A  Z  C  Z  Y  K
```

AUTOR	CZYTELNIK
PRZYGODA	LITERACKI
KOLEKCJA	NARRATOR
KONTEKST	STRONA
DUALIZM	ISTOTNE
EPICKI	WIERSZ
HISTORIA	POEZJA
HISTORYCZNY	POWIEŚĆ
HUMORYSTYCZNY	SERIA
WYNALAZCZY	

89 - Pays #2

```
L Z C Y Z R K Z H R C G U N
S Y R I A H A I D N A L R I
H Q P O U K R A I N A I M S
R O S J A J C N A R F B G U
G A R P Y P N S Y R M A A D
Ł H W P N Y A I N E K N I A
J Z A I N A D K V U A F N N
C M K I C K Z A I N O P A J
C B Q Y T R W V Z S H S B S
H B Q V S I N E K B T O L M
I N A E F K E D I Q F A A G
N I N D O N E Z J A C L N N
Y T V U Z A W M U G A N D A
J A M A J K A S O M A L I A
```

ALBANIA	LAOS
CHINY	LIBAN
DANIA	MEKSYK
FRANCJA	UGANDA
HAITI	PAKISTAN
INDONEZJA	ROSJA
IRLANDIA	SOMALIA
JAMAJKA	SUDAN
JAPONIA	SYRIA
KENIA	UKRAINA

90 - Fournitures d'Art

P	Z	B	W	L	O	K	L	E	J	K	L	H	K
V	A	D	O	W	L	W	P	L	F	Ł	A	K	R
N	R	S	A	U	E	F	A	Z	S	O	K	U	E
A	E	X	T	U	J	C	P	D	E	I	O	N	A
G	M	O	T	E	A	K	I	Ę	F	Y	L	J	T
U	A	M	G	Z	L	Z	E	P	L	A	O	K	Y
L	K	E	P	D	H	E	R	L	U	K	R	R	W
A	B	N	M	O	Ł	Ó	W	K	I	W	Y	Z	N
T	K	X	U	H	P	Ó	J	M	G	A	Ł	E	O
Z	N	R	K	N	K	I	T	Z	X	R	S	S	Ś
S	Ł	J	Y	B	R	A	F	S	K	E	Y	Ł	Ć
V	A	N	I	L	G	U	M	K	A	L	M	O	G
A	T	R	A	M	E	N	T	N	Q	E	O	H	Z
B	W	L	F	U	A	R	B	T	J	F	P	E	F

AKRYL	KREATYWNOŚĆ
AKWARELE	WODA
GLINA	ATRAMENT
PĘDZLE	GUMKA
KAMERA	OLEJ
KRZESŁO	POMYSŁY
SZTALUGA	PAPIER
KLEJ	PASTELE
KOLORY	FARBY
OŁÓWKI	STÓŁ

91 - Eau

```
X J J O U E I H G L B C K R
T T B R Ń E I M U R T S A T
P A R O W A N I E R Ł U S H
Ź L C I N Z S Y R P A H P D
D Ó L Z P A R O W Y N G I A
Ó Y V E I N A I N D A W A N
W J U J A F D M W Q K S G N
O I Ś N I E G E F K W Z E A
P B L D Y B W C S N U B J E
I Ć O G L I W J L Z T E Z C
Z S Ł P O F A L E F C Y E O
Ó N P G E T V E G A V Z R B
R Z E K A Ł N U S N O M K O
M I R Z L I B Y E S J Q N U
```

KANAŁ	POWÓDŹ
PRYSZNIC	NAWADNIANIE
PAROWANIE	JEZIORO
RZEKA	MONSUN
STRUMIEŃ	ŚNIEG
MRÓZ	OCEAN
GEJZER	HURAGAN
LÓD	DESZCZ
WILGOTNY	FALE
WILGOĆ	PAROWY

92 - Jazz

```
X F K M T Y R N K X V I Ł K
N X I X R O T Y Z O P M O K
Z J S T E C H N I K A P B U
O S O S C S K Ł W H T R J S
O U L J N Ł A K N E S O I P
U R O P O A Y N R S O W E T
J S K Ł K W F K O P F I N A
M T U I Q N M O X W N Z O L
U Y F D E Y N B Ę B Y A I E
B L R D F S W N A U Ł C B N
L C W Y R A T S G E L J U T
A R T Y S T A R O S F A L O
G A T U N E K S A K Y Z U M
E H K O M P O Z Y C J A V S
```

ALBUM	MUZYKA
ARTYSTA	NOWY
SŁAWNY	ORKIESTRA
PIOSENKA	RYTM
KOMPOZYTOR	SOLO
KOMPOZYCJA	STYL
KONCERT	TALENT
ULUBIONE	BĘBNY
GATUNEK	TECHNIKA
IMPROWIZACJA	STARY

93 - Paysages

```
M L W M D A P S O D O W L O
G P Y O G O N G A B T E O C
G E S R E T L P L A Ż A D E
Ó S P Z J Y U I I E G R O A
R Y A E Z U L N N L A Z W N
A W H I E V V S D A Ł E I W
J Ł N R R M I C V R D K E U
G Ó R A L O D O W A A A C L
I P O V O R O I Z E J Y W K
U Z D Y A W Z G Ó R Z E P A
T Z B U Z J A S K I N I A N
K Ł V Y A Z N W M F A W M C
P U S T Y N I A R J F E I M
Y D I C I R G Z U P R E C G
```

WODOSPAD	BAGNO
WZGÓRZE	MORZE
PUSTYNIA	GÓRA
RZEKA	OAZA
GEJZER	OCEAN
LODOWIEC	PÓŁWYSEP
JASKINIA	PLAŻA
GÓRA LODOWA	TUNDRA
WYSPA	DOLINA
JEZIORO	WULKAN

94 - Pays #1

```
H  I  R  I  N  I  N  O  R  W  E  G  I  A
Y  T  C  F  P  N  E  K  W  A  D  O  R  N
Q  M  Ł  I  Y  D  Z  K  A  N  A  D  A  I
L  I  B  I  A  I  P  A  D  M  Z  W  M  E
F  A  R  H  L  E  P  K  Z  W  A  Ł  I  M
I  F  U  I  M  A  R  O  K  O  U  N  Q  C
N  G  M  S  B  N  M  I  I  R  G  S  A  Y
L  A  U  Z  R  Y  T  E  Z  T  A  E  K  P
A  N  N  P  A  T  D  T  R  C  R  I  S  Ł
N  I  I  A  Z  N  I  F  A  U  A  V  L  S
D  S  A  N  Y  E  P  B  E  C  K  F  O  W
I  T  U  I  L  G  F  P  L  K  I  M  P  W
A  A  L  A  I  R  Z  S  R  C  N  S  U  Q
E  N  U  H  A  A  F  I  L  I  P  I  N  Y
```

AFGANISTAN	LIBIA
NIEMCY	MALI
ARGENTYNA	MAROKO
BRAZYLIA	NIKARAGUA
KANADA	NORWEGIA
HISZPANIA	PANAMA
EKWADOR	FILIPINY
FINLANDIA	POLSKA
INDIE	RUMUNIA
IZRAEL	

95 - Nombres

```
C  S  S  P  E  I  C  Ś  A  N  Y  Z  R  T
Z  Z  Z  I  I  I  U  B  W  T  Q  S  A  S
T  E  E  Ę  C  E  C  Z  D  I  H  W  I  H
E  Ś  S  T  Ś  I  D  Ź  Z  E  R  O  C  I
R  Ć  N  N  A  C  Z  Q  A  Y  W  A  Ś  D
Y  W  A  A  N  Ś  I  L  T  N  M  S  E  Z
C  M  Ś  Ś  R  A  E  G  G  T  A  S  I  I
J  P  C  C  E  N  S  M  Ł  Ę  N  W  Z  E
R  R  I  I  T  M  I  O  S  I  E  M  D  W
R  Q  E  E  Z  Ę  P  N  S  P  E  A  I
T  R  Z  Y  C  D  Ć  I  B  E  F  D  W  Ę
G  Y  J  E  D  E  N  Ę  I  I  J  E  D  Ć
G  H  U  T  R  I  P  Ć  P  Z  I  I  K  L
A  X  P  E  O  S  Ł  E  B  D  A  S  W  X
```

PIĘĆ	PIĘTNAŚCIE
DWA	SZESNAŚCIE
DZIESIĘTNY	SIEDEM
DZIESIĘĆ	SZEŚĆ
SIEDEMNAŚCIE	TRZYNAŚCIE
DWANAŚCIE	TRZY
OSIEM	JEDEN
DZIEWIĘĆ	DWADZIEŚCIA
CZTERNAŚCIE	ZERO
CZTERY	

96 - Psychologie

```
D  Z  I  E  C  I  Ń  S  T  W  O  K  P  M
W  X  L  Q  E  I  C  U  Z  C  U  O  R  A
E  N  Ś  I  Z  G  S  I  X  W  O  N  O  R
Q  Z  Y  H  Ł  S  O  G  C  E  C  F  B  Z
O  K  M  T  E  R  A  P  I  A  E  L  L  E
Z  A  C  H  O  W  A  N  I  E  N  I  E  N
K  E  M  O  C  J  E  C  T  P  A  K  M  I
P  K  L  I  N  I  C  Z  N  Y  B  T  R  A
V  O  P  O  S  T  R  Z  E  G  A  N  I  E
V  N  M  S  P  O  T  K  A  N  I  E  V  W
Ł  Z  P  Y  M  O  D  A  I  W  Ś  D  O  P
Ć  Ś  O  T  S  I  W  Y  Z  C  E  Z  R  X
Z  Z  Ł  D  Z  Ł  A  S  U  G  P  P  Q  K
P  Y  N  M  O  T  Y  Z  R  P  E  I  N  X
```

KLINICZNY	MYŚLI
ZACHOWANIE	POSTRZEGANIE
KONFLIKT	PROBLEM
EGO	SPOTKANIE
DZIECIŃSTWO	RZECZYWISTOŚĆ
EMOCJE	MARZENIA
OCENA	UCZUCIE
POMYSŁY	PODŚWIADOMY
NIEPRZYTOMNY	TERAPIA

97 - Nature

```
U V M E J E Z W I E R Z Ą T
S M N B Q R S P O K O J N A
A C A C S O R Ł Q P D Y P Ł
L L H A Ł Z O R D L P G Y G
I O C R L J N D Y X I W N M
S D H Y O A K E Z R X Ś Z V
T O M N Y N Ę Z X I G V C A
O W U Z Ł N I K L W K L I I
T I R C Y B P E Q S W I M N
N E Y Y W X X G N K S O A Y
E C Ł T N X X Q Y I B K N T
S P O K O J N Y Z V E A Y S
H R S R P S Z C Z O Ł Y D U
Y N L A K I P O R T Y Q N P
```

PSZCZOŁY	RZEKA
SCHRONIENIE	LAS
ZWIERZĄT	LODOWIEC
ARKTYCZNY	CHMURY
PIĘKNO	SPOKOJNA
MGŁA	DZIKI
PUSTYNIA	SPOKOJNY
DYNAMICZNY	TROPIKALNY
EROZJA	ISTOTNE
LIŚCI	

98 - Chimie

```
C  Z  Ą  S  T  E  C  Z  K  A  V  V  D  J
E  V  J  Z  C  E  I  C  V  W  H  M  U  P
L  R  O  Ł  I  N  R  M  E  T  A  L  E  A
E  F  N  D  C  Z  O  F  X  W  S  Ó  V  R
K  R  E  W  I  Y  T  U  W  U  O  S  Z  U
T  L  L  F  Ę  M  A  O  E  Ł  Q  D  H  T
R  D  T  X  P  G  Z  Ł  S  A  W  K  Ó  A
O  Y  M  I  G  S  I  P  Q  T  J  C  E  R
N  H  M  W  A  Ł  L  E  E  O  Ą  Q  F  E
Z  N  V  G  Z  A  A  I  L  M  D  P  J  P
C  H  L  O  R  O  T  C  L  O  R  N  X  M
G  X  Z  T  C  B  A  G  A  W  O  A  A  E
P  K  A  U  M  W  K  C  L  Y  W  O  E  T
A  L  K  A  L  I  C  Z  N  Y  Y  D  S  Y
```

KWAS	WODÓR
ALKALICZNY	JON
ATOMOWY	CIECZ
WĘGIEL	METALE
KATALIZATOR	CZĄSTECZKA
CIEPŁO	JĄDROWY
CHLOR	TLEN
ENZYM	WAGA
ELEKTRON	SÓL
GAZ	TEMPERATURA

99 - Bateaux

```
R O K O T W I C A J B M F M
U R K W O Z N Y G A K A A O
B O J A N I L N K C E R L R
H I M Z J P P Z U H Y Y A S
Ł Z Z O N A E C O T L N Q K
K E Ł S R L K Y Z H S A P I
B J Y E I Z X T U A W R R C
I X Z K R R E U V K Ł Z O Q
Ż A G L Ó W K A S E U O M C
J M F A L E C N I Z R G G V
D A W T A R T V L R P W Q A
N S S L G C G C N H V L M Z
M Z Q E F W J R I Y X P M I
E T O Z N B E A K C I U O R
```

KOTWICA	MORSKI
BOJA	MASZT
LINA	MORZE
ZAŁOGA	SILNIK
PROM	NAUTYCZNY
RZEKA	OCEAN
KAJAK	TRATWA
JEZIORO	FALE
FALA	ŻAGLÓWKA
MARYNARZ	JACHT

100 - Mesures

```
G  O  Z  N  D  Ć  Ś  O  K  O  R  E  Z  S
Ł  B  E  H  E  R  W  Ł  Y  L  A  N  S  T
Ę  J  W  N  T  I  V  B  E  Z  T  V  T  O
B  Ę  G  Y  H  B  E  V  G  O  U  W  A  P
O  T  F  X  E  R  W  A  G  A  N  P  Ł  I
K  O  G  Y  N  T  Ę  I  S  E  I  Z  D  E
O  Ś  W  Ć  N  E  B  W  L  K  M  F  I  Ń
Ś  Ć  H  C  Ś  M  W  Y  S  O  K  O  Ś  Ć
Ć  C  K  I  L  O  G  R  A  M  L  I  T  R
M  K  A  P  L  L  G  S  H  A  N  O  T  Ł
I  A  W  L  R  I  Y  U  V  R  T  E  M  T
Ł  W  S  B  M  K  R  A  Ł  G  J  B  Y  Q
L  X  R  A  U  N  C  J  A  D  A  I  A  E
C  E  N  T  Y  M  E  T  R  K  B  P  A  J
```

CENTYMETR	MASA
STOPIEŃ	METR
DZIESIĘTNY	MINUTA
GRAM	BAJT
WYSOKOŚĆ	UNCJA
KILOGRAM	WAGA
KILOMETR	CAL
SZEROKOŚĆ	GŁĘBOKOŚĆ
LITR	TONA
DŁUGOŚĆ	OBJĘTOŚĆ

1 - Adjectifs #2

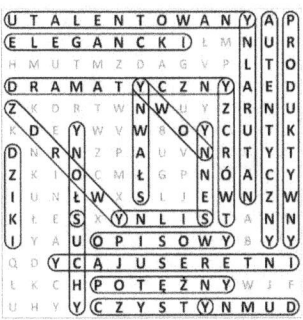

2 - Formes

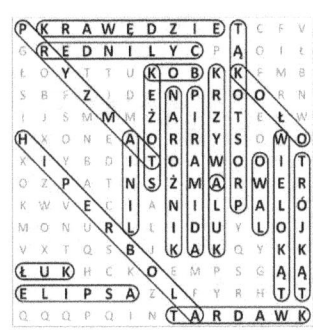

3 - Force et Gravité

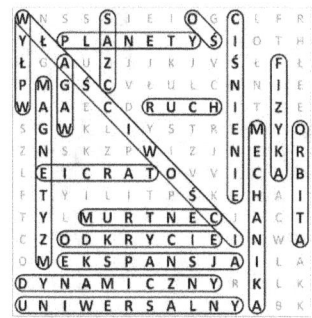

4 - Adjectifs #1

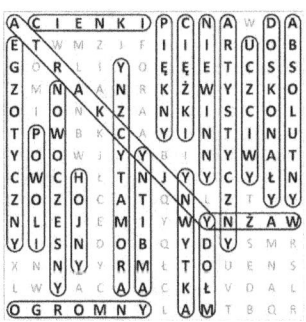

5 - Instruments de Musique

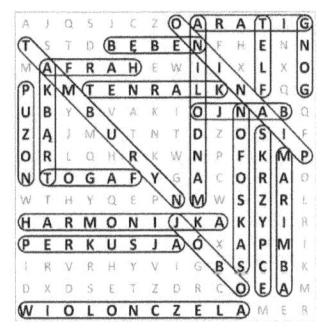

6 - Herboristerie

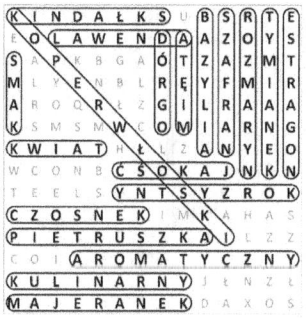

7 - Véhicules

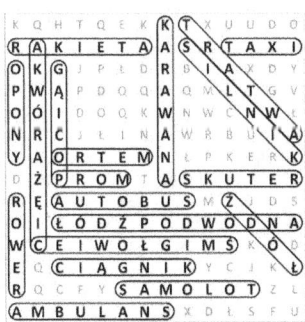

8 - Camping

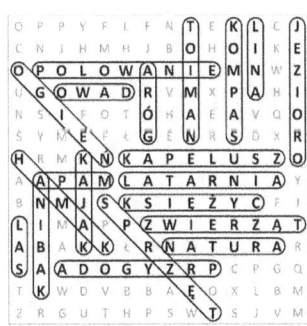

9 - Écologie

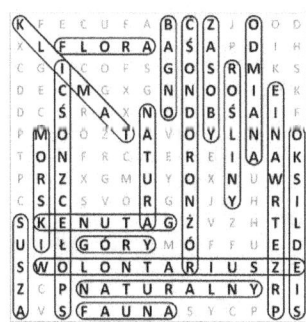

10 - Géométrie

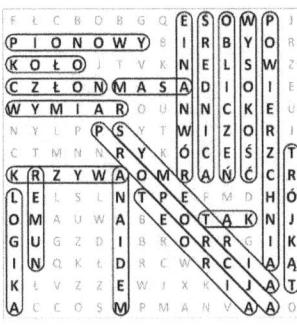

11 - Les Médias

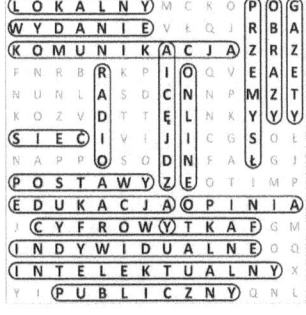

12 - Philanthropie

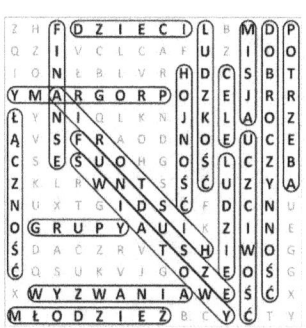

13 - Diplomatie

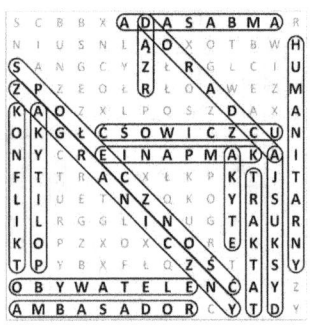

14 - Électricité

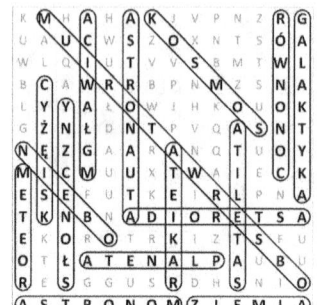

15 - Astronomie

16 - Physique

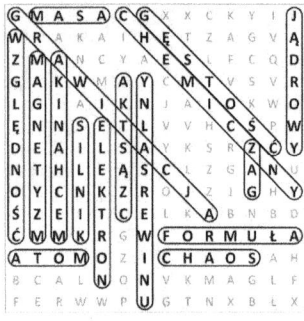

17 - Types de Cheveux

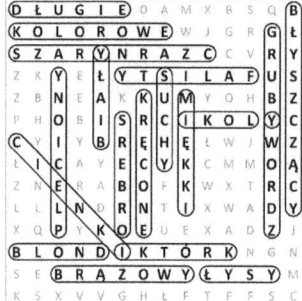

18 - Archéologie

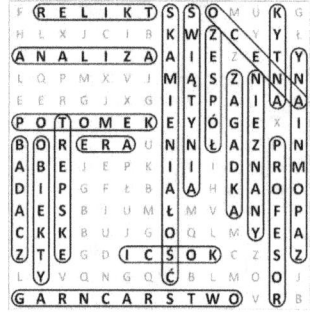

19 - Mammifères

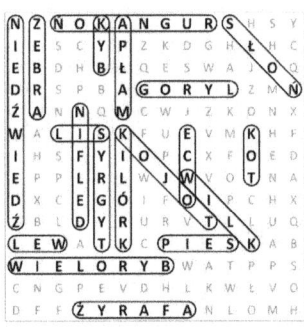

20 - Mathématiques

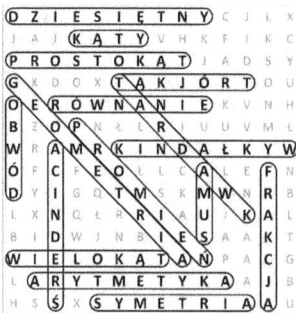

21 - Sport

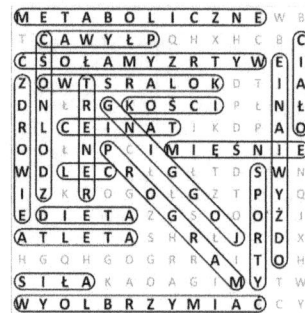

22 - Mythologie

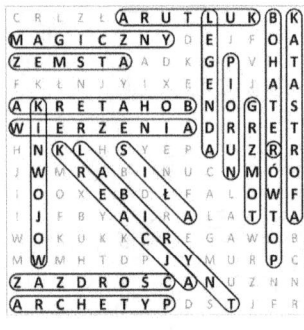

23 - Restaurant #2

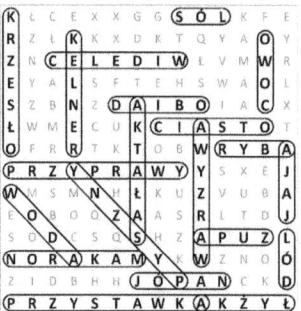

24 - Beauté

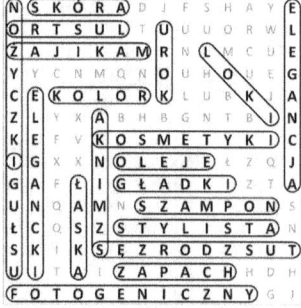

25 - Avions

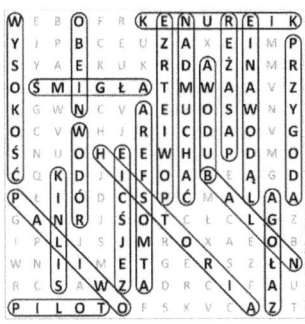

26 - Aventure

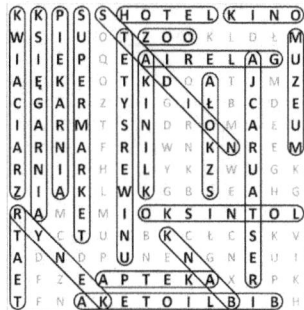

27 - Ville

28 - Ingénierie

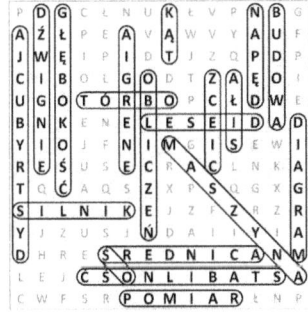

29 - Énergie

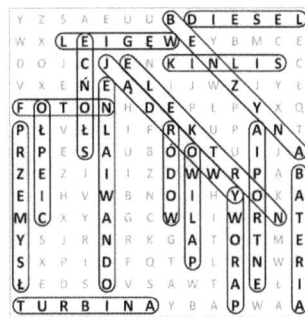

30 - Cuisine

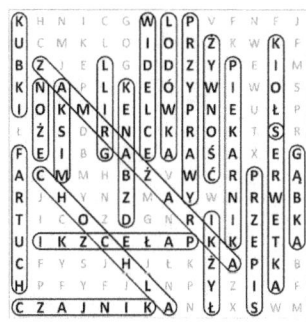

31 - Corps Humain

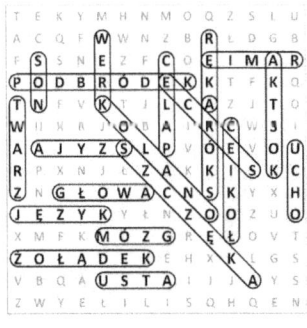

32 - Épices

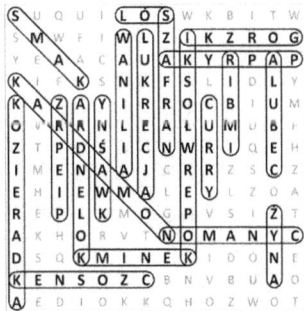

33 - Science

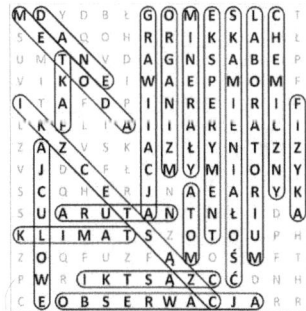

34 - Vêtements

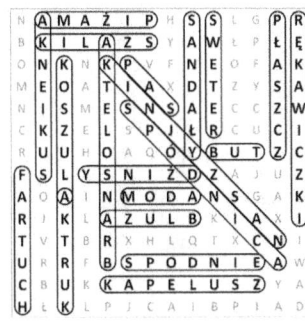

35 - Arts Visuels

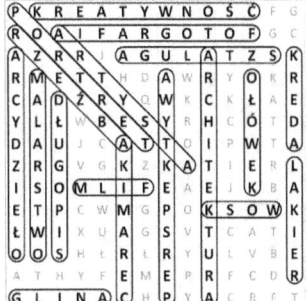

36 - Méditation

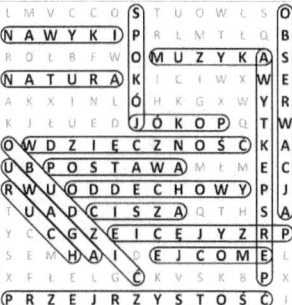

37 - Littérature

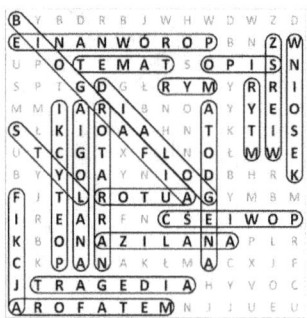

38 - Nourriture #1

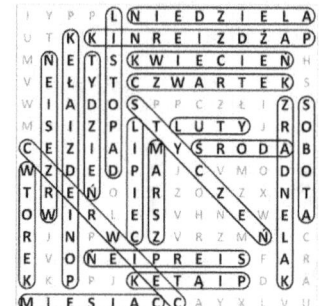

39 - Jours et Mois

40 - Jardinage

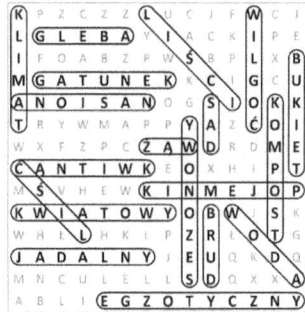

41 - Entreprise

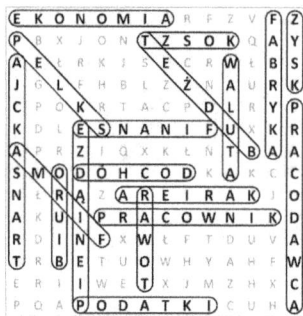

42 - Activités

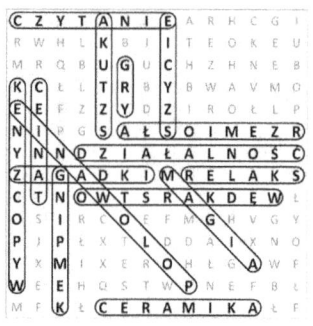

43 - Mode

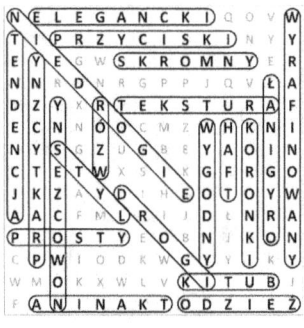

44 - Fleurs

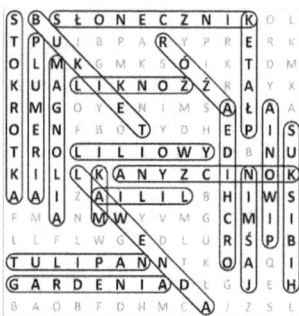

45 - Nourriture #2

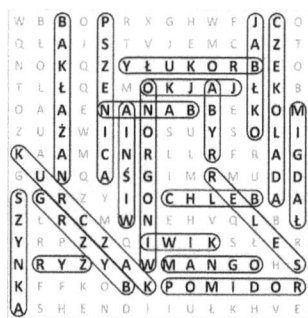

46 - Algèbre

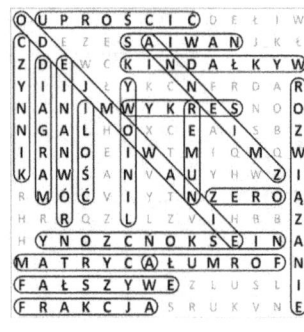

47 - Océan

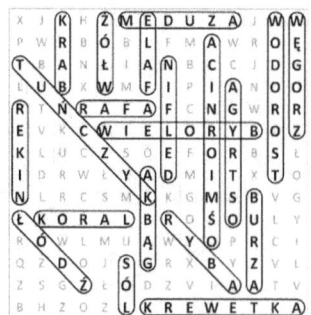

48 - Remplir

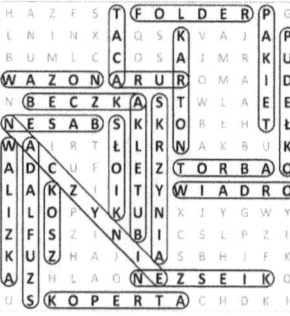

49 - Antiquités

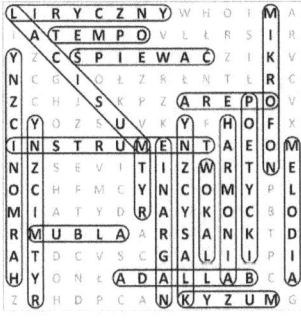

50 - Ballet

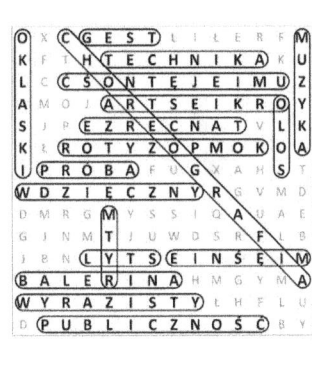

51 - Fruit

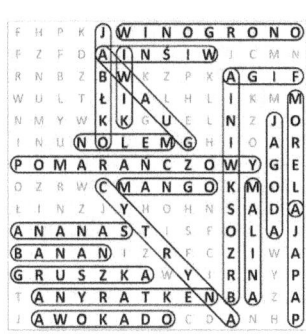

52 - Musique

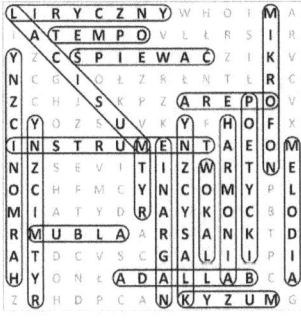

53 - Météo

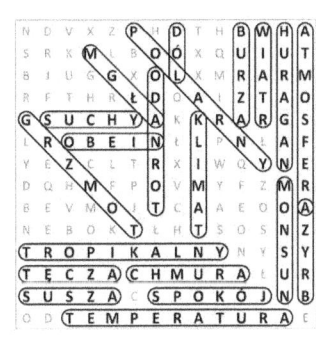

54 - L'Entreprise

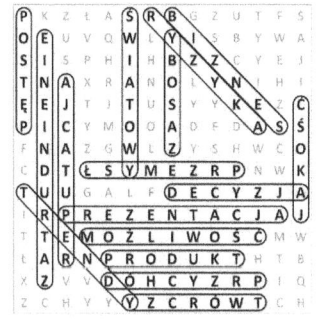

55 - Gouvernement

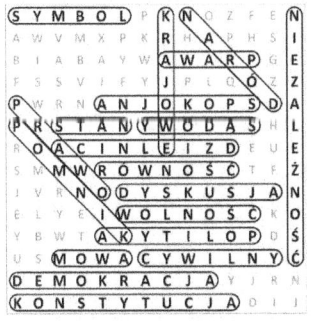

56 - Randonnée

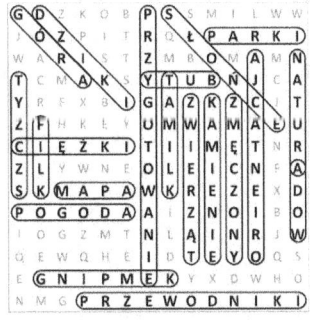

57 - Nutrition

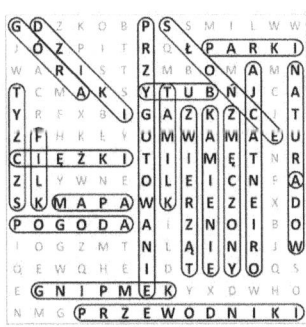

58 - Créativité

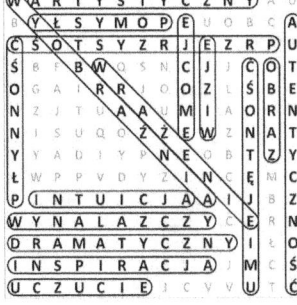

59 - Science Fiction

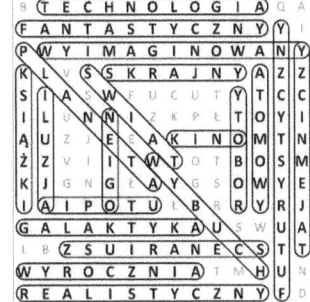

60 - Professions #1

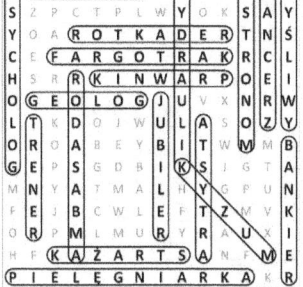

61 - Géologie

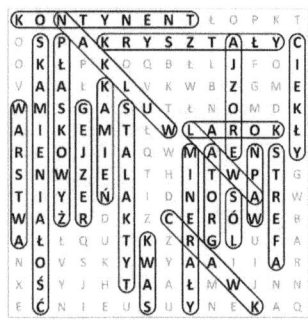

62 - Cirque

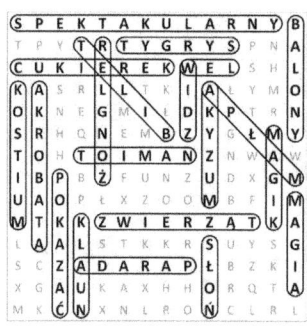

63 - Jardin

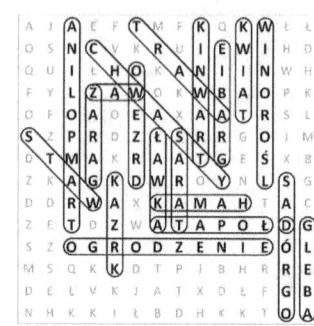

64 - Santé et Bien Être #1

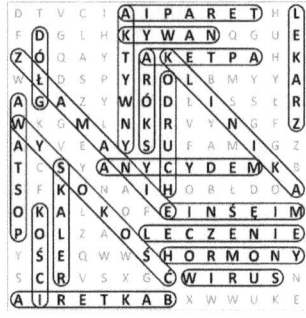

65 - Barbecues

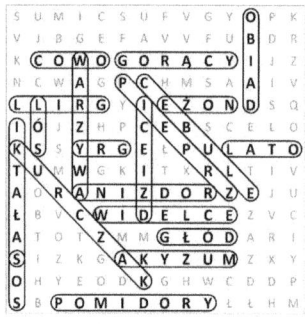

66 - Animaux de Compagnie

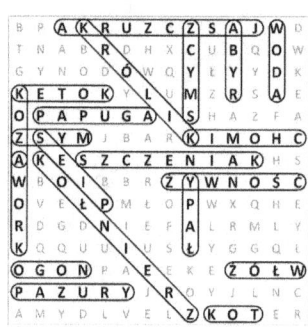

67 - Ferme #1

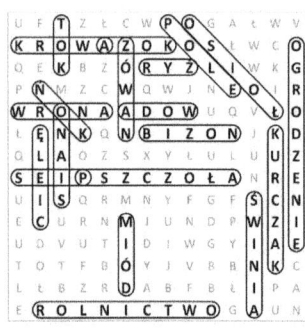

68 - Café

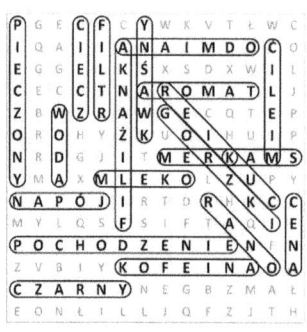

69 - Antarctique

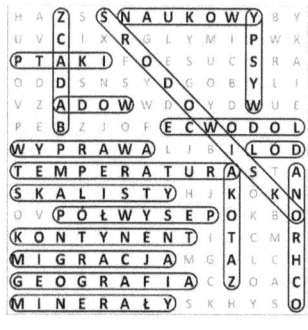

70 - Professions #2

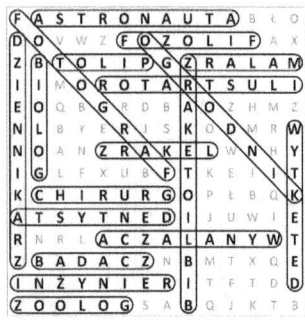

71 - Les Abeilles

72 - Santé et Bien Être #2

73 - Conduite

74 - Plantes

75 - Ferme #2

76 - Vacances #2

77 - Temps

78 - Maison

79 - Légumes

80 - Famille

81 - Oiseaux

82 - Disciplines Scientifiques

83 - Univers

84 - Géographie

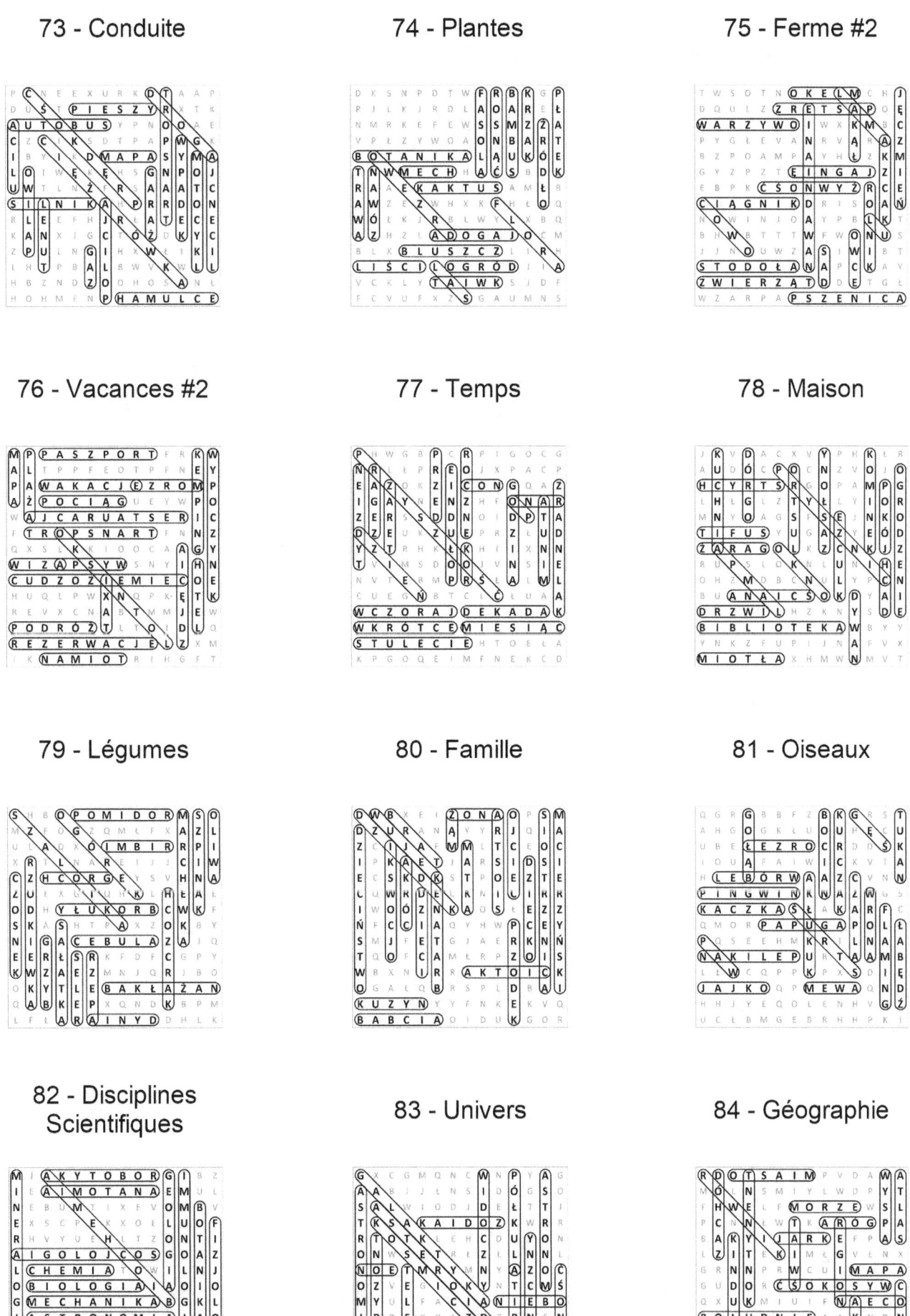

85 - Danse

86 - Bâtiments

87 - Activités et Loisirs

88 - Livres

89 - Pays #2

90 - Fournitures d'Art

91 - Eau

92 - Jazz

93 - Paysages

94 - Pays #1

95 - Nombres

96 - Psychologie

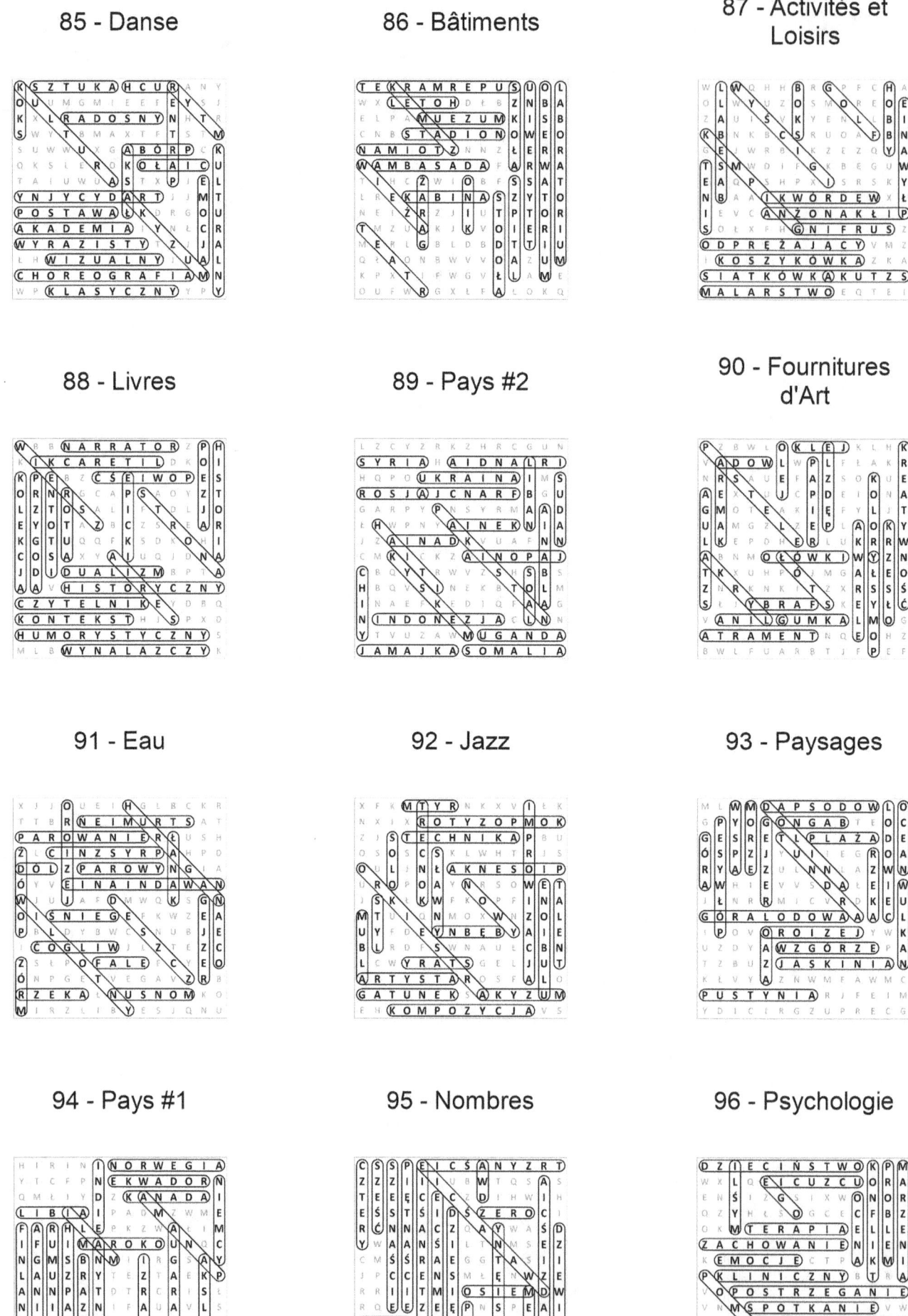

97 - Nature

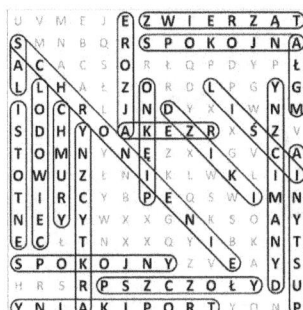

98 - Chimie

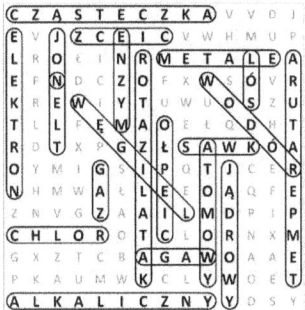

99 - Bateaux

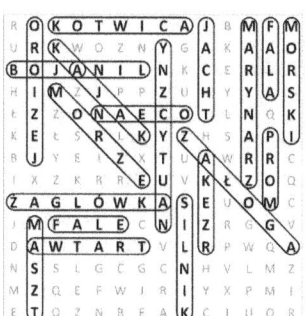

100 - Mesures

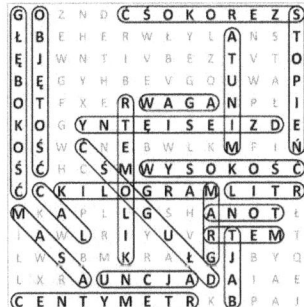

Dictionnaire

Activités
Działalność

Activité	Działalność
Art	Sztuka
Artisanat	Rzemiosła
Camping	Kemping
Céramique	Ceramika
Chasse	Polowanie
Compétence	Umiejętność
Couture	Szycie
Danse	Taniec
Jardinage	Ogrodnictwo
Jeux	Gry
Lecture	Czytanie
Loisir	Wypoczynek
Magie	Magia
Pêche	Wędkarstwo
Photographie	Fotografia
Plaisir	Przyjemność
Puzzles	Zagadki
Randonnée	Wędrówki
Relaxation	Relaks

Activités et Loisirs
Aktywność i Wypoczynek

Art	Sztuka
Base-Ball	Baseball
Basket-Ball	Koszykówka
Boxe	Boks
Camping	Kemping
Course	Wyścigi
Football	Piłka Nożna
Golf	Golf
Jardinage	Ogrodnictwo
Nager	Pływanie
Passe-Temps	Hobby
Peinture	Malarstwo
Pêche	Wędkarstwo
Plongée	Nurkowanie
Randonnée	Wędrówki
Relaxant	Odprężający
Surf	Surfing
Tennis	Tenis
Volley-Ball	Siatkówka
Voyage	Podróż

Adjectifs #1
Przymiotniki # 1

Absolu	Absolutny
Actif	Aktywny
Ambitieux	Ambitny
Aromatique	Aromatyczny
Artistique	Artystyczny
Attractif	Atrakcyjny
Beau	Piękny
Exotique	Egzotyczny
Énorme	Ogromny
Généreux	Hojny
Honnête	Uczciwy
Identique	Identyczny
Important	Ważny
Innocent	Niewinny
Jeune	Młody
Lent	Powoli
Lourd	Ciężki
Mince	Cienki
Moderne	Nowoczesny
Parfait	Doskonały

Adjectifs #2
Przymiotniki # 2

Authentique	Autentyczny
Célèbre	Sławny
Créatif	Twórczy
Descriptif	Opisowy
Doué	Utalentowany
Dramatique	Dramatyczny
Élégant	Elegancki
Fier	Dumny
Fort	Silny
Intéressant	Interesujący
Naturel	Naturalny
Nouveau	Nowy
Productif	Produktywny
Puissant	Potężny
Pur	Czysty
Sain	Zdrowy
Salé	Słony
Sauvage	Dziki
Sec	Suchy
Somnolent	Senny

Algèbre
Algebra

Diagramme	Diagram
Exposant	Wykładnik
Équation	Równanie
Facteur	Czynnik
Faux	Fałszywe
Formule	Formuła
Fraction	Frakcja
Graphique	Wykres
Infini	Nieskończony
Linéaire	Liniowy
Matrice	Matryca
Nombre	Numer
Parenthèse	Nawias
Problème	Problem
Quantité	Ilość
Simplifier	Uprościć
Solution	Rozwiązanie
Soustraction	Odejmowanie
Variable	Zmienna
Zéro	Zero

Animaux de Compagnie
Zwierzęta Domowe

Chat	Kot
Chaton	Kotek
Chèvre	Koza
Chien	Pies
Chiot	Szczeniak
Collier	Kołnierz
Eau	Woda
Griffes	Pazury
Hamster	Chomik
Laisse	Smycz
Lapin	Królik
Lézard	Jaszczurka
Nourriture	Żywność
Pattes	Łapy
Perroquet	Papuga
Poisson	Ryba
Queue	Ogon
Souris	Mysz
Tortue	Żółw
Vache	Krowa

Antarctique
Antarktyda

Baie	Zatoka
Baleines	Wieloryby
Chercheur	Badacz
Conservation	Ochrona
Continent	Kontynent
Eau	Woda
Environnement	Środowisko
Expédition	Wyprawa
Géographie	Geografia
Glace	Lód
Glaciers	Lodowce
Îles	Wyspy
Migration	Migracja
Minéraux	Minerały
Oiseaux	Ptaki
Péninsule	Półwysep
Rocheux	Skalisty
Scientifique	Naukowy
Température	Temperatura
Topographie	Topografia

Antiquités
Antyki

Art	Sztuka
Authentique	Autentyczny
Bijoux	Biżuteria
Décennies	Dekady
Décoratif	Dekoracyjny
Enchères	Aukcja
Élégant	Elegancki
Galerie	Galeria
Inhabituel	Niezwykły
Investissement	Inwestycja
Meubles	Meble
Peintures	Obrazy
Pièces	Monety
Prix	Cena
Qualité	Jakość
Sculpture	Rzeźba
Siècle	Stulecie
Style	Styl
Valeur	Wartość
Vieux	Stary

Archéologie
Archeologia

Analyse	Analiza
Antiquité	Antyk
Chercheur	Badacz
Civilisation	Cywilizacja
Descendant	Potomek
Expert	Ekspert
Ère	Era
Équipe	Zespół
Évaluation	Ocena
Fossile	Skamieniałość
Inconnu	Nieznany
Mystère	Zagadka
Objets	Obiekty
Os	Kości
Oublié	Zapomniany
Poterie	Garncarstwo
Professeur	Profesor
Relique	Relikt
Temple	Świątynia
Tombe	Grobowiec

Arts Visuels
Sztuki Wizualne

Architecture	Architektura
Argile	Glina
Artiste	Artysta
Céramique	Ceramika
Chef-D'Œuvre	Arcydzieło
Chevalet	Sztaluga
Cire	Wosk
Composition	Kompozycja
Craie	Kreda
Crayon	Ołówek
Créativité	Kreatywność
Film	Film
Peinture	Malarstwo
Perspective	Perspektywa
Photographie	Fotografia
Portrait	Portret
Poterie	Garncarstwo
Sculpture	Rzeźba
Stylo	Długopis
Vernis	Lakier

Astronomie
Astronomia

Astéroïde	Asteroida
Astronaute	Astronauta
Astronome	Astronom
Ciel	Niebo
Constellation	Konstelacja
Cosmos	Kosmos
Éclipse	Zaćmienie
Équinoxe	Równonoc
Fusée	Rakieta
Galaxie	Galaktyka
Lune	Księżyc
Météore	Meteor
Nébuleuse	Mgławica
Observatoire	Obserwatorium
Planète	Planeta
Satellite	Satelita
Solaire	Słoneczny
Supernova	Supernowa
Terre	Ziemia
Univers	Wszechświat

Aventure
Przygoda

Activité	Działalność
Amis	Przyjaciele
Beauté	Piękno
Bravoure	Odwaga
Chance	Szansa
Dangereux	Niebezpieczny
Défis	Wyzwania
Difficulté	Trudność
Enthousiasme	Entuzjazm
Excursion	Wycieczka
Inhabituel	Niezwykły
Joie	Radość
Nature	Natura
Navigation	Nawigacja
Nouveau	Nowy
Opportunité	Okazja
Préparation	Przygotowanie
Surprenant	Zaskakujący
Voyages	Podróże

Avions
Samoloty

Air	Powietrze
Atmosphère	Atmosfera
Atterrissage	Lądowanie
Aventure	Przygoda
Ballon	Balon
Carburant	Paliwo
Ciel	Niebo
Construction	Budowa
Descente	Zejście
Direction	Kierunek
Équipage	Załoga
Gonfler	Nadmuchać
Hauteur	Wysokość
Hélices	Śmigła
Histoire	Historia
Hydrogène	Wodór
Moteur	Silnik
Passager	Pasażer
Pilote	Pilot
Turbulence	Turbulencja

Ballet
Balet

Applaudissement	Oklaski
Artistique	Artystyczny
Ballerine	Balerina
Chorégraphie	Choreografia
Compétence	Umiejętność
Compositeur	Kompozytor
Danseurs	Tancerze
Expressif	Wyrazisty
Geste	Gest
Gracieux	Wdzięczny
Intensité	Intensywność
Muscles	Mięśnie
Musique	Muzyka
Orchestre	Orkiestra
Public	Publiczność
Répétition	Próba
Rythme	Rytm
Solo	Solo
Style	Styl
Technique	Technika

Barbecues
Grillowanie

Chaud	Gorący
Couteaux	Noże
Dîner	Obiad
Enfants	Dzieci
Été	Lato
Faim	Głód
Famille	Rodzina
Fourchettes	Widelce
Fruit	Owoc
Gril	Grill
Jeux	Gry
Légumes	Warzywa
Musique	Muzyka
Oignons	Cebule
Poivre	Pieprz
Poulet	Kurczak
Salades	Sałatki
Sauce	Sos
Sel	Sól
Tomates	Pomidory

Bateaux
Łodzie

Ancre	Kotwica
Bouée	Boja
Corde	Lina
Équipage	Załoga
Ferry	Prom
Fleuve	Rzeka
Kayak	Kajak
Lac	Jezioro
Marée	Fala
Marin	Marynarz
Maritime	Morski
Mât	Maszt
Mer	Morze
Moteur	Silnik
Nautique	Nautyczny
Océan	Ocean
Radeau	Tratwa
Vagues	Fale
Voilier	Żaglówka
Yacht	Jacht

Bâtiments
Budynek

Ambassade	Ambasada
Appartement	Apartament
Cabine	Kabina
Château	Zamek
Cinéma	Kino
École	Szkoła
Garage	Garaż
Grange	Stodoła
Hôpital	Szpital
Hôtel	Hotel
Laboratoire	Laboratorium
Musée	Muzeum
Observatoire	Obserwatorium
Stade	Stadion
Supermarché	Supermarket
Tente	Namiot
Théâtre	Teatr
Tour	Wieża
Université	Uniwersytet
Usine	Fabryka

Beauté
Piękno

Boucles	Loki
Charme	Urok
Ciseaux	Nożyczki
Cosmétique	Kosmetyki
Couleur	Kolor
Élégance	Elegancja
Élégant	Elegancki
Grâce	Łaska
Huiles	Oleje
Lisse	Gładki
Maquillage	Makijaż
Mascara	Tusz do Rzęs
Miroir	Lustro
Parfum	Zapach
Peau	Skóra
Photogénique	Fotogeniczny
Rouge à Lèvres	Szminka
Services	Usługi
Shampooing	Szampon
Styliste	Stylista

Café
Kawa

Acide	Kwaśny
Amer	Gorzki
Arôme	Aromat
Boisson	Napój
Caféine	Kofeina
Crème	Krem
Eau	Woda
Filtre	Filtr
Lait	Mleko
Liquide	Ciecz
Matin	Rano
Moudre	Mielić
Noir	Czarny
Origine	Pochodzenie
Prix	Cena
Rôti	Pieczony
Saveur	Smak
Sucre	Cukier
Tasse	Filiżanka
Variété	Odmiana

Camping
Kemping

Animaux	Zwierząt
Aventure	Przygoda
Boussole	Kompas
Cabine	Kabina
Canoë	Kajak
Carte	Mapa
Chapeau	Kapelusz
Chasse	Polowanie
Corde	Lina
Équipement	Sprzęt
Feu	Ogień
Forêt	Las
Hamac	Hamak
Insecte	Owad
Lac	Jezioro
Lanterne	Latarnia
Lune	Księżyc
Montagne	Góra
Nature	Natura
Tente	Namiot

Chimie
Chemia

Acide	Kwas
Alcalin	Alkaliczny
Atomique	Atomowy
Carbone	Węgiel
Catalyseur	Katalizator
Chaleur	Ciepło
Chlore	Chlor
Enzyme	Enzym
Électron	Elektron
Gaz	Gaz
Hydrogène	Wodór
Ion	Jon
Liquide	Ciecz
Métaux	Metale
Molécule	Cząsteczka
Nucléaire	Jądrowy
Oxygène	Tlen
Poids	Waga
Sel	Sól
Température	Temperatura

Cirque
Cyrk

Acrobate	Akrobata
Animaux	Zwierząt
Ballons	Balony
Billet	Bilet
Bonbon	Cukierek
Clown	Klaun
Costume	Kostium
Éléphant	Słoń
Jongleur	Żongler
Lion	Lew
Magicien	Magik
Magie	Magia
Montrer	Pokazać
Musique	Muzyka
Parade	Parada
Singe	Małpa
Spectaculaire	Spektakularny
Spectateur	Widz
Tente	Namiot
Tigre	Tygrys

Conduite
Prowadzenie Pojazdów

Accident	Wypadek
Bus	Autobus
Camion	Ciężarówka
Carburant	Paliwo
Carte	Mapa
Freins	Hamulce
Garage	Garaż
Gaz	Gaz
Licence	Licencja
Moteur	Silnik
Moto	Motocykl
Piéton	Pieszy
Police	Policja
Route	Droga
Rue	Ulica
Trafic	Ruch Drogowy
Transport	Transport
Tunnel	Tunel
Vitesse	Prędkość
Voiture	Samochód

Corps Humain
Ciało Ludzkie

Bouche	Usta
Cerveau	Mózg
Cheville	Kostka
Cou	Szyja
Coude	Łokieć
Cœur	Serce
Doigt	Palec
Estomac	Żołądek
Épaule	Ramię
Genou	Kolano
Langue	Język
Main	Ręka
Mâchoire	Szczęka
Menton	Podbródek
Nez	Nos
Oreille	Ucho
Peau	Skóra
Sang	Krew
Tête	Głowa
Visage	Twarz

Créativité
Kreatywność

Artistique	Artystyczny
Authenticité	Autentyczność
Clarté	Przejrzystość
Compétence	Umiejętność
Dramatique	Dramatyczny
Expression	Wyrażenie
Émotions	Emocje
Fluidité	Płynność
Idées	Pomysły
Image	Obraz
Imagination	Wyobraźnia
Impression	Wrażenie
Inspiration	Inspiracja
Intensité	Intensywność
Intuition	Intuicja
Inventif	Wynalazczy
Sensation	Uczucie
Spontané	Spontaniczny
Visions	Wizje
Vitalité	Witalność

Cuisine
Kuchnia

Baguettes	Pałeczki
Bol	Miska
Bouilloire	Czajnik
Congélateur	Zamrażarka
Couteaux	Noże
Cruche	Dzbanek
Cuillères	Łyżki
Épices	Przyprawy
Éponge	Gąbka
Four	Piekarnik
Fourchettes	Widelce
Gril	Grill
Louche	Chochla
Nourriture	Żywność
Pot	Słoik
Recette	Przepis
Réfrigérateur	Lodówka
Serviette	Serwetka
Tablier	Fartuch
Tasses	Kubki

Danse
Taniec

Académie	Akademia
Art	Sztuka
Chorégraphie	Choreografia
Classique	Klasyczny
Corps	Ciało
Culture	Kultura
Culturel	Kulturalny
Expressif	Wyrazisty
Émotion	Emocja
Grâce	Łaska
Joyeux	Radosny
Mouvement	Ruch
Musique	Muzyka
Partenaire	Partner
Posture	Postawa
Répétition	Próba
Rythme	Rytm
Saut	Skok
Traditionnel	Tradycyjny
Visuel	Wizualny

Diplomatie
Dyplomacja

Ambassade	Ambasada
Ambassadeur	Ambasador
Campagnes	Kampanie
Citoyens	Obywatele
Civique	Obywatelski
Communauté	Społeczność
Conflit	Konflikt
Conseiller	Doradca
Coopération	Współpraca
Diplomatique	Dyplomatyczny
Discussion	Dyskusja
Éthique	Etyka
Étranger	Zagraniczny
Gouvernement	Rząd
Humanitaire	Humanitarny
Intégrité	Uczciwość
Politique	Polityka
Résolution	Rezolucja
Solution	Rozwiązanie
Traité	Traktat

Disciplines Scientifiques
Dyscypliny Naukowe

Anatomie	Anatomia
Archéologie	Archeologia
Astronomie	Astronomia
Biochimie	Biochemia
Biologie	Biologia
Botanique	Botanika
Chimie	Chemia
Écologie	Ekologia
Géologie	Geologia
Immunologie	Immunologia
Mécanique	Mechanika
Météorologie	Meteorologia
Minéralogie	Mineralogia
Neurologie	Neurologia
Physiologie	Fizjologia
Psychologie	Psychologia
Robotique	Robotyka
Sociologie	Socjologia
Thermodynamique	Termodynamika
Zoologie	Zoologia

Eau
Woda

Canal	Kanał
Douche	Prysznic
Évaporation	Parowanie
Fleuve	Rzeka
Flux	Strumień
Gel	Mróz
Geyser	Gejzer
Glace	Lód
Humide	Wilgotny
Humidité	Wilgoć
Inondation	Powódź
Irrigation	Nawadnianie
Lac	Jezioro
Mousson	Monsun
Neige	Śnieg
Océan	Ocean
Ouragan	Huragan
Pluie	Deszcz
Vagues	Fale
Vapeur	Parowy

Entreprise
Biznes

Argent	Pieniądze
Boutique	Sklep
Budget	Budżet
Bureau	Biuro
Carrière	Kariera
Coût	Koszt
Devise	Waluta
Employeur	Pracodawca
Employé	Pracownik
Entreprise	Firma
Économie	Ekonomia
Finance	Finanse
Impôts	Podatki
Investissement	Inwestycja
Marchandise	Towar
Profit	Zysk
Revenu	Dochód
Transaction	Transakcja
Usine	Fabryka
Vente	Sprzedaż

Écologie
Ekologia

Bénévoles	Wolontariusze
Climat	Klimat
Communautés	Społeczności
Diversité	Różnorodność
Durable	Zrównoważony
Espèce	Gatunek
Faune	Fauna
Flore	Flora
Habitat	Siedlisko
Marais	Bagno
Marin	Morski
Montagnes	Góry
Nature	Natura
Naturel	Naturalny
Plantes	Rośliny
Ressources	Zasoby
Sécheresse	Susza
Survie	Przetrwanie
Variété	Odmiana
Végétation	Roślinność

Électricité
Elektryczność

Aimant	Magnes
Ampoule	Żarówka
Batterie	Bateria
Câble	Kabel
Électricien	Elektryk
Électrique	Elektryczny
Équipement	Sprzęt
Fils	Przewody
Générateur	Generator
Lampe	Lampa
Laser	Laser
Négatif	Minus
Objets	Obiekty
Positif	Plus
Prise	Gniazdo
Quantité	Ilość
Réseau	Sieć
Stockage	Składowanie
Téléphone	Telefon
Télévision	Telewizja

Énergie
Energia

Batterie	Bateria
Carbone	Węgiel
Carburant	Paliwo
Chaleur	Ciepło
Diesel	Diesel
Entropie	Entropia
Environnement	Środowisko
Essence	Benzyna
Électrique	Elektryczny
Électron	Elektron
Hydrogène	Wodór
Industrie	Przemysł
Moteur	Silnik
Nucléaire	Jądrowy
Photon	Foton
Renouvelable	Odnawialne
Soleil	Słońce
Turbine	Turbina
Vapeur	Parowy
Vent	Wiatr

Épices
Przyprawy

Aigre	Kwaśny
Ail	Czosnek
Amer	Gorzki
Anis	Anyż
Cannelle	Cynamon
Cardamome	Kardamon
Coriandre	Kolendra
Cumin	Kminek
Curry	Curry
Fenouil	Koper Włoski
Fenugrec	Kozieradka
Gingembre	Imbir
Oignon	Cebula
Paprika	Papryka
Poivre	Pieprz
Réglisse	Lukrecja
Safran	Szafran
Saveur	Smak
Sel	Sól
Vanille	Wanilia

Famille
Rodzina

Ancêtre	Przodek
Cousin	Kuzyn
Enfance	Dzieciństwo
Enfant	Dziecko
Enfants	Dzieci
Femme	Żona
Fille	Córka
Frère	Brat
Grand-Mère	Babcia
Grand-Père	Dziadek
Mari	Mąż
Maternel	Macierzyński
Mère	Matka
Neveu	Bratanek
Nièce	Siostrzenica
Oncle	Wujek
Paternel	Ojcowski
Père	Ojciec
Soeur	Siostra
Tante	Ciotka

Ferme #1
Gospodarstwo #1

Abeille	Pszczoła
Agriculture	Rolnictwo
Âne	Osioł
Bison	Bizon
Champ	Pole
Chat	Kot
Cheval	Koń
Chèvre	Koza
Chien	Pies
Clôture	Ogrodzenie
Cochon	Świnia
Corbeau	Wrona
Eau	Woda
Engrais	Nawóz
Foin	Siano
Miel	Miód
Poulet	Kurczak
Riz	Ryż
Vache	Krowa
Veau	Cielę

Ferme #2
Gospodarstwo #2

Agneau	Jagnię
Agriculteur	Rolnik
Animaux	Zwierząt
Berger	Pasterz
Blé	Pszenica
Canard	Kaczka
Fruit	Owoc
Grange	Stodoła
Irrigation	Nawadnianie
Lait	Mleko
Lama	Lama
Légume	Warzywo
Maïs	Kukurydza
Mouton	Owce
Nourriture	Żywność
Orge	Jęczmień
Pré	Łąka
Ruche	Ul
Tracteur	Ciągnik
Verger	Sad

Fleurs
Kwiaty

Bouquet	Bukiet
Gardénia	Gardenia
Hibiscus	Hibiskus
Jasmin	Jaśmin
Jonquille	Żonkil
Lavande	Lawenda
Lilas	Liliowy
Lys	Lilia
Magnolia	Magnolia
Marguerite	Stokrotka
Orchidée	Orchidea
Passiflore	Passionflower
Pavot	Mak
Pétale	Płatek
Pivoine	Piwonia
Plumeria	Plumeria
Rose	Róża
Tournesol	Słonecznik
Trèfle	Koniczyna
Tulipe	Tulipan

Force et Gravité
Siła i Grawitacja

Axe	Oś
Centre	Centrum
Découverte	Odkrycie
Distance	Odległość
Dynamique	Dynamiczny
Expansion	Ekspansja
Friction	Tarcie
Impact	Wpływ
Magnétisme	Magnetyzm
Mécanique	Mechanika
Mouvement	Ruch
Orbite	Orbita
Physique	Fizyka
Planètes	Planety
Poids	Waga
Pression	Ciśnienie
Propriétés	Właściwości
Temps	Czas
Universel	Uniwersalny
Vitesse	Prędkość

Formes
Kształty

Arc	Łuk
Bords	Krawędzie
Carré	Kwadrat
Cercle	Koło
Coin	Narożnik
Courbe	Krzywa
Cône	Stożek
Côté	Bok
Cube	Sześcian
Cylindre	Cylinder
Ellipse	Elipsa
Hyperbole	Hiperbola
Ligne	Linia
Ovale	Owal
Polygone	Wielokąt
Prisme	Pryzmat
Pyramide	Piramida
Rectangle	Prostokąt
Sphère	Kula
Triangle	Trójkąt

Fournitures d'Art
Materiały Artystyczne

Acrylique	Akryl
Aquarelles	Akwarele
Argile	Glina
Brosses	Pędzle
Caméra	Kamera
Chaise	Krzesło
Chevalet	Sztaluga
Colle	Klej
Couleurs	Kolory
Crayons	Ołówki
Créativité	Kreatywność
Eau	Woda
Encre	Atrament
Gomme	Gumka
Huile	Olej
Idées	Pomysły
Papier	Papier
Pastels	Pastele
Peinture	Farby
Table	Stół

Fruit
Owoce

Abricot	Morela
Ananas	Ananas
Avocat	Awokado
Baie	Jagoda
Banane	Banan
Cerise	Wiśnia
Citron	Cytryna
Figue	Figa
Framboise	Malina
Goyave	Guawa
Kiwi	Kiwi
Mangue	Mango
Melon	Melon
Nectarine	Nektaryna
Orange	Pomarańczowy
Papaye	Papaja
Pêche	Brzoskwinia
Poire	Gruszka
Pomme	Jabłko
Raisin	Winogrono

Géographie
Geografia

Altitude	Wysokość
Atlas	Atlas
Carte	Mapa
Continent	Kontynent
Équateur	Równik
Fleuve	Rzeka
Hémisphère	Półkula
Île	Wyspa
Mer	Morze
Méridien	Południk
Monde	Świat
Montagne	Góra
Nord	Północ
Océan	Ocean
Ouest	Zachód
Pays	Kraj
Région	Region
Sud	Południe
Territoire	Terytorium
Ville	Miasto

Géologie
Geologia

Acide	Kwas
Calcium	Wapń
Caverne	Grota
Continent	Kontynent
Corail	Koral
Couche	Warstwa
Cristaux	Kryształy
Érosion	Erozja
Fondu	Ciekły
Fossile	Skamieniałość
Geyser	Gejzer
Lave	Lawa
Minéraux	Minerały
Pierre	Kamień
Plateau	Płaskowyż
Quartz	Kwarc
Sel	Sól
Stalactite	Stalaktyt
Volcan	Wulkan
Zone	Strefa

Géométrie
Geometria

Angle	Kąt
Calcul	Obliczeń
Cercle	Koło
Courbe	Krzywa
Diamètre	Średnica
Dimension	Wymiar
Équation	Równanie
Hauteur	Wysokość
Logique	Logika
Masse	Masa
Médian	Mediana
Nombre	Numer
Parallèle	Równoległy
Proportion	Proporcja
Segment	Człon
Surface	Powierzchnia
Symétrie	Symetria
Théorie	Teoria
Triangle	Trójkąt
Vertical	Pionowy

Gouvernement
Rząd

Citoyenneté	Obywatelstwo
Civil	Cywilny
Constitution	Konstytucja
Démocratie	Demokracja
Discours	Mowa
Discussion	Dyskusja
District	Dzielnica
Droits	Prawa
Égalité	Równość
État	Stan
Indépendance	Niezależność
Judiciaire	Sądowy
Liberté	Wolność
Loi	Prawo
Monument	Pomnik
Nation	Naród
National	Krajowe
Paisible	Spokojna
Politique	Polityka
Symbole	Symbol

Herboristerie
Zielarstwo

Ail	Czosnek
Aromatique	Aromatyczny
Basilic	Bazylia
Bénéfique	Korzystny
Culinaire	Kulinarny
Estragon	Estragon
Fenouil	Koper Włoski
Fleur	Kwiat
Ingrédient	Składnik
Jardin	Ogród
Lavande	Lawenda
Marjolaine	Majeranek
Menthe	Mięta
Persil	Pietruszka
Qualité	Jakość
Romarin	Rozmaryn
Safran	Szafran
Saveur	Smak
Thym	Tymianek
Vert	Zielony

Ingénierie
Inżynieria

Angle	Kąt
Axe	Oś
Calcul	Obliczeń
Construction	Budowa
Diagramme	Diagram
Diamètre	Średnica
Diesel	Diesel
Distribution	Dystrybucja
Énergie	Energia
Force	Siła
Leviers	Dźwignie
Liquide	Ciecz
Machine	Maszyna
Mesure	Pomiar
Moteur	Silnik
Profondeur	Głębokość
Propulsion	Napęd
Rotation	Obrót
Stabilité	Stabilność
Structure	Struktura

Instruments de Musique
Instrumenty Muzyczne

Banjo	Banjo
Basson	Fagot
Clarinette	Klarnet
Flûte	Flet
Gong	Gong
Guitare	Gitara
Harmonica	Harmonijka
Harpe	Harfa
Hautbois	Obój
Mandoline	Mandolina
Marimba	Marimba
Percussion	Perkusja
Piano	Pianino
Saxophone	Saksofon
Tambour	Bęben
Tambourin	Tamburyn
Trombone	Puzon
Trompette	Trąbka
Violon	Skrzypce
Violoncelle	Wiolonczela

Jardin
Ogród

Arbre	Drzewo
Banc	Ławka
Buisson	Krzak
Clôture	Ogrodzenie
Étang	Staw
Fleur	Kwiat
Garage	Garaż
Hamac	Hamak
Herbe	Trawa
Jardin	Ogród
Mauvaises Herbes	Chwasty
Pelle	Łopata
Pelouse	Trawnik
Râteau	Grabie
Sol	Gleba
Terrasse	Taras
Trampoline	Trampolina
Tuyau	Wąż
Verger	Sad
Vigne	Winorośl

Jardinage
Prace Ogrodowe

Botanique	Botaniczny
Bouquet	Bukiet
Climat	Klimat
Comestible	Jadalny
Compost	Kompost
Eau	Woda
Espèce	Gatunek
Exotique	Egzotyczny
Feuillage	Liści
Feuille	Liść
Fleur	Kwitnąć
Floral	Kwiatowy
Graines	Nasiona
Humidité	Wilgoć
Récipient	Pojemnik
Saisonnier	Sezonowy
Saleté	Brud
Sol	Gleba
Tuyau	Wąż
Verger	Sad

Jazz
Jazz

Album	Album
Artiste	Artysta
Célèbre	Sławny
Chanson	Piosenka
Compositeur	Kompozytor
Composition	Kompozycja
Concert	Koncert
Favoris	Ulubione
Genre	Gatunek
Improvisation	Improwizacja
Musique	Muzyka
Nouveau	Nowy
Orchestre	Orkiestra
Rythme	Rytm
Solo	Solo
Style	Styl
Talent	Talent
Tambours	Bębny
Technique	Technika
Vieux	Stary

Jours et Mois
Dni i Miesiące

Août	Sierpień
Avril	Kwiecień
Calendrier	Kalendarz
Dimanche	Niedziela
Février	Luty
Janvier	Styczeń
Jeudi	Czwartek
Juillet	Lipiec
Juin	Czerwiec
Lundi	Poniedziałek
Mardi	Wtorek
Mars	Marsz
Mercredi	Środa
Mois	Miesiąc
Novembre	Listopad
Octobre	Październik
Samedi	Sobota
Semaine	Tydzień
Septembre	Wrzesień
Vendredi	Piątek

L'Entreprise
Przedsiębiorstwo

Affaires	Biznes
Créatif	Twórczy
Décision	Decyzja
Emploi	Zatrudnienie
Global	Światowy
Industrie	Przemysł
Innovant	Innowacyjny
Investissement	Inwestycja
Possibilité	Możliwość
Présentation	Prezentacja
Produit	Produkt
Professionnel	Profesjonalny
Progrès	Postęp
Qualité	Jakość
Ressources	Zasoby
Revenu	Przychód
Réputation	Reputacja
Risques	Ryzyka
Tendances	Trendy
Unités	Jednostki

Les Abeilles
Pszczoły

Ailes	Skrzydła
Bénéfique	Korzystny
Cire	Wosk
Diversité	Różnorodność
Essaim	Rój
Écosystème	Ekosystem
Fleur	Kwitnąć
Fleurs	Kwiaty
Fruit	Owoc
Fumée	Dym
Habitat	Siedlisko
Insecte	Owad
Jardin	Ogród
Miel	Miód
Nourriture	Żywność
Plantes	Rośliny
Pollen	Pyłek
Reine	Królowa
Ruche	Ul
Soleil	Słońce

Les Médias
Media

Attitudes	Postawy
Commercial	Komercyjne
Communication	Komunikacja
En Ligne	Online
Édition	Wydanie
Éducation	Edukacja
Faits	Fakty
Images	Obrazy
Individuel	Indywidualne
Industrie	Przemysł
Intellectuel	Intelektualny
Journaux	Gazety
Local	Lokalny
Numérique	Cyfrowy
Opinion	Opinia
Photos	Zdjęcia
Public	Publiczny
Radio	Radio
Réseau	Sieć
Télévision	Telewizja

Légumes
Warzywa

Ail	Czosnek
Artichaut	Karczoch
Aubergine	Bakłażan
Brocoli	Brokuły
Carotte	Marchewka
Céleri	Seler
Champignon	Grzyb
Citrouille	Dynia
Concombre	Ogórek
Échalote	Szalotka
Épinard	Szpinak
Gingembre	Imbir
Navet	Rzepa
Oignon	Cebula
Olive	Oliwa
Persil	Pietruszka
Pois	Groch
Radis	Rzodkiewka
Salade	Sałatka
Tomate	Pomidor

Littérature
Literatura

Analogie	Analogia
Analyse	Analiza
Anecdote	Anegdota
Auteur	Autor
Biographie	Biografia
Comparaison	Porównanie
Conclusion	Wniosek
Description	Opis
Dialogue	Dialog
Fiction	Fikcja
Métaphore	Metafora
Narrateur	Narrator
Poème	Wiersz
Poétique	Poetycki
Rime	Rym
Roman	Powieść
Rythme	Rytm
Style	Styl
Thème	Temat
Tragédie	Tragedia

Livres
Książki

Auteur	Autor
Aventure	Przygoda
Collection	Kolekcja
Contexte	Kontekst
Dualité	Dualizm
Épique	Epicki
Histoire	Historia
Historique	Historyczny
Humoristique	Humorystyczny
Inventif	Wynalazczy
Lecteur	Czytelnik
Littéraire	Literacki
Narrateur	Narrator
Page	Strona
Pertinent	Istotne
Poème	Wiersz
Poésie	Poezja
Roman	Powieść
Série	Seria
Tragique	Tragiczny

Maison
Dom

Balai	Miotła
Bibliothèque	Biblioteka
Chambre	Pokój
Cheminée	Kominek
Clés	Klucze
Clôture	Ogrodzenie
Cuisine	Kuchnia
Douche	Prysznic
Fenêtre	Okno
Garage	Garaż
Grenier	Strych
Jardin	Ogród
Lampe	Lampa
Miroir	Lustro
Mur	Ściana
Plafond	Sufit
Porte	Drzwi
Rideaux	Zasłony
Tapis	Dywan
Toit	Dach

Mammifères
Ssaki

Baleine	Wieloryb
Chat	Kot
Cheval	Koń
Chien	Pies
Coyote	Kojot
Dauphin	Delfin
Éléphant	Słoń
Girafe	Żyrafa
Gorille	Goryl
Kangourou	Kangur
Lapin	Królik
Lion	Lew
Loup	Wilk
Mouton	Owce
Ours	Niedźwiedź
Renard	Lis
Singe	Małpa
Taureau	Byk
Tigre	Tygrys
Zèbre	Zebra

Mathématiques
Matematyka

Angles	Kąty
Arithmétique	Arytmetyka
Carré	Kwadrat
Circonférence	Obwód
Décimal	Dziesiętny
Diamètre	Średnica
Exposant	Wykładnik
Équation	Równanie
Fraction	Frakcja
Géométrie	Geometria
Parallèle	Równoległy
Parallélogramme	Równoległobok
Perpendiculaire	Prostopadły
Polygone	Wielokąt
Rayon	Promień
Rectangle	Prostokąt
Somme	Suma
Symétrie	Symetria
Triangle	Trójkąt
Volume	Objętość

Mesures
Pomiary

Centimètre	Centymetr
Degré	Stopień
Décimal	Dziesiętny
Gramme	Gram
Hauteur	Wysokość
Kilogramme	Kilogram
Kilomètre	Kilometr
Largeur	Szerokość
Litre	Litr
Longueur	Długość
Masse	Masa
Mètre	Metr
Minute	Minuta
Octet	Bajt
Once	Uncja
Poids	Waga
Pouce	Cal
Profondeur	Głębokość
Tonne	Tona
Volume	Objętość

Méditation
Medytacja

Acceptation	Przyjęcie
Attention	Uwaga
Calme	Spokój
Clarté	Przejrzystość
Compassion	Współczucie
Émotions	Emocje
Éveillé	Obudzić
Gentillesse	Życzliwość
Gratitude	Wdzięczność
Habitudes	Nawyki
Mental	Psychiczny
Mouvement	Ruch
Musique	Muzyka
Nature	Natura
Observation	Obserwacja
Paix	Pokój
Perspective	Perspektywa
Posture	Postawa
Respiration	Oddechowy
Silence	Cisza

Météo
Pogoda

Arc-En-Ciel	Tęcza
Atmosphère	Atmosfera
Brise	Bryza
Brouillard	Mgła
Calme	Spokój
Ciel	Niebo
Climat	Klimat
Glace	Lód
Mousson	Monsun
Nuage	Chmura
Ouragan	Huragan
Polaire	Polarny
Sec	Suchy
Sécheresse	Susza
Température	Temperatura
Tempête	Burza
Tonnerre	Grzmot
Tornade	Tornado
Tropical	Tropikalny
Vent	Wiatr

Mode
Moda

Abordable	Niedrogie
Boutique	Butik
Boutons	Przyciski
Broderie	Haft
Cher	Drogi
Confortable	Wygodny
Dentelle	Koronki
Élégant	Elegancki
Moderne	Nowoczesny
Modeste	Skromny
Modèle	Wzór
Original	Oryginał
Pratique	Praktyczny
Simple	Prosty
Sophistiqué	Wyrafinowany
Style	Styl
Tendance	Tendencja
Texture	Tekstura
Tissu	Tkanina
Vêtements	Odzież

Musique
Muzyka

Album	Album
Ballade	Ballada
Chanter	Śpiewać
Chanteur	Piosenkarz
Classique	Klasyczny
Enregistrement	Nagranie
Harmonie	Harmonia
Harmonique	Harmoniczny
Instrument	Instrument
Lyrique	Liryczny
Mélodie	Melodia
Microphone	Mikrofon
Musical	Musical
Musicien	Muzyk
Opéra	Opera
Poétique	Poetycki
Rythme	Rytm
Rythmique	Rytmiczny
Tempo	Tempo
Vocal	Wokal

Mythologie
Mitologia

Archétype	Archetyp
Catastrophe	Katastrofa
Comportement	Zachowanie
Création	Kreacja
Créature	Stworzenie
Croyances	Wierzenia
Culture	Kultura
Éclair	Piorun
Force	Siła
Guerrier	Wojownik
Héroïne	Bohaterka
Héros	Bohater
Jalousie	Zazdrość
Labyrinthe	Labirynt
Légende	Legenda
Magique	Magiczny
Monstre	Potwór
Mortel	Śmiertelny
Tonnerre	Grzmot
Vengeance	Zemsta

Nature
Przyroda

Abeilles	Pszczoły
Abri	Schronienie
Animaux	Zwierząt
Arctique	Arktyczny
Beauté	Piękno
Brouillard	Mgła
Désert	Pustynia
Dynamique	Dynamiczny
Érosion	Erozja
Feuillage	Liści
Fleuve	Rzeka
Forêt	Las
Glacier	Lodowiec
Nuage	Chmury
Paisible	Spokojna
Sanctuaire	Sanktuarium
Sauvage	Dziki
Serein	Spokojny
Tropical	Tropikalny
Vital	Istotne

Nombres
Liczby

Cinq	Pięć
Deux	Dwa
Décimal	Dziesiętny
Dix	Dziesięć
Dix-Huit	Osiemnaście
Dix-Sept	Siedemnaście
Douze	Dwanaście
Huit	Osiem
Neuf	Dziewięć
Quatorze	Czternaście
Quatre	Cztery
Quinze	Piętnaście
Seize	Szesnaście
Sept	Siedem
Six	Sześć
Treize	Trzynaście
Trois	Trzy
Un	Jeden
Vingt	Dwadzieścia
Zéro	Zero

Nourriture #1
Jedzenie # 1

Ail	Czosnek
Basilic	Bazylia
Café	Kawa
Cannelle	Cynamon
Carotte	Marchewka
Citron	Cytryna
Épinard	Szpinak
Fraise	Truskawka
Jus	Sok
Lait	Mleko
Navet	Rzepa
Oignon	Cebula
Orge	Jęczmień
Poire	Gruszka
Salade	Sałatka
Sel	Sól
Soupe	Zupa
Sucre	Cukier
Thon	Tuńczyk
Viande	Mięso

Nourriture #2
Jedzenie # 2

Amande	Migdał
Aubergine	Bakłażan
Banane	Banan
Blé	Pszenica
Brocoli	Brokuły
Cerise	Wiśnia
Céleri	Seler
Champignon	Grzyb
Chocolat	Czekolada
Jambon	Szynka
Kiwi	Kiwi
Mangue	Mango
Oeuf	Jajko
Pain	Chleb
Poisson	Ryba
Pomme	Jabłko
Poulet	Kurczak
Raisin	Winogrono
Riz	Ryż
Tomate	Pomidor

Nutrition
Odżywianie

Amer	Gorzki
Appétit	Apetyt
Calories	Kalorie
Comestible	Jadalny
Diète	Dieta
Digestion	Trawienie
Épices	Przyprawy
Équilibré	Zrównoważony
Fermentation	Fermentacja
Glucides	Węglowodany
Liquides	Płyny
Poids	Waga
Protéines	Białka
Qualité	Jakość
Sain	Zdrowy
Santé	Zdrowie
Sauce	Sos
Saveur	Smak
Toxine	Toksyna
Vitamine	Witamina

Océan
Ocean

Algue	Wodorost
Anguille	Węgorz
Baleine	Wieloryb
Bateau	Łódź
Corail	Koral
Crabe	Krab
Crevette	Krewetka
Dauphin	Delfin
Éponge	Gąbka
Huître	Ostryga
Méduse	Meduza
Poisson	Ryba
Poulpe	Ośmiornica
Requin	Rekin
Récif	Rafa
Sel	Sól
Tempête	Burza
Thon	Tuńczyk
Tortue	Żółw
Vagues	Fale

Oiseaux
Ptaki

Aigle	Orzeł
Autruche	Struś
Canard	Kaczka
Cigogne	Bocian
Colombe	Gołąb
Corbeau	Wrona
Coucou	Kukułka
Cygne	Łabędź
Flamant	Flaming
Héron	Czapla
Manchot	Pingwin
Moineau	Wróbel
Mouette	Mewa
Oeuf	Jajko
Oie	Gęś
Paon	Paw
Perroquet	Papuga
Pélican	Pelikan
Poulet	Kurczak
Toucan	Tukan

Pays #1
Kraje # 1

Afghanistan	Afganistan
Allemagne	Niemcy
Argentine	Argentyna
Brésil	Brazylia
Canada	Kanada
Espagne	Hiszpania
Équateur	Ekwador
Finlande	Finlandia
Inde	Indie
Israël	Izrael
Libye	Libia
Mali	Mali
Maroc	Maroko
Nicaragua	Nikaragua
Norvège	Norwegia
Panama	Panama
Philippines	Filipiny
Pologne	Polska
Roumanie	Rumunia
Venezuela	Wenezuela

Pays #2
Kraje # 2

Albanie	Albania
Chine	Chiny
Danemark	Dania
France	Francja
Haïti	Haiti
Indonésie	Indonezja
Irlande	Irlandia
Jamaïque	Jamajka
Japon	Japonia
Kenya	Kenia
Laos	Laos
Liban	Liban
Mexique	Meksyk
Ouganda	Uganda
Pakistan	Pakistan
Russie	Rosja
Somalie	Somalia
Soudan	Sudan
Syrie	Syria
Ukraine	Ukraina

Paysages
Krajobrazy

Cascade	Wodospad
Colline	Wzgórze
Désert	Pustynia
Fleuve	Rzeka
Geyser	Gejzer
Glacier	Lodowiec
Grotte	Jaskinia
Iceberg	Góra Lodowa
Île	Wyspa
Lac	Jezioro
Marais	Bagno
Mer	Morze
Montagne	Góra
Oasis	Oaza
Océan	Ocean
Péninsule	Półwysep
Plage	Plaża
Toundra	Tundra
Vallée	Dolina
Volcan	Wulkan

Philanthropie
Filantropia

Besoin	Potrzeba
Buts	Cele
Charité	Dobroczynność
Communauté	Społeczność
Contacts	Łączność
Défis	Wyzwania
Enfants	Dzieci
Finance	Finanse
Fonds	Fundusze
Gens	Ludzie
Générosité	Hojność
Global	Światowy
Groupes	Grupy
Histoire	Historia
Honnêteté	Uczciwość
Humanité	Ludzkość
Jeunesse	Młodzież
Mission	Misja
Programmes	Programy
Public	Publiczny

Physique
Fizyka

Atome	Atom
Chaos	Chaos
Chimique	Chemiczny
Densité	Gęstość
Expansion	Ekspansja
Électron	Elektron
Formule	Formuła
Fréquence	Częstotliwość
Gaz	Gaz
Gravité	Grawitacja
Magnétisme	Magnetyzm
Masse	Masa
Mécanique	Mechanika
Molécule	Cząsteczka
Moteur	Silnik
Nucléaire	Jądrowy
Particule	Cząstka
Relativité	Względność
Universel	Uniwersalny
Vitesse	Prędkość

Plantes
Rośliny

Arbre	Drzewo
Baie	Jagoda
Bambou	Bambus
Botanique	Botanika
Buisson	Krzak
Cactus	Kaktus
Engrais	Nawóz
Feuillage	Liści
Fleur	Kwiat
Flore	Flora
Forêt	Las
Grandir	Rosnąć
Haricot	Fasola
Herbe	Trawa
Jardin	Ogród
Lierre	Bluszcz
Mousse	Mech
Pétale	Płatek
Racine	Źródło
Végétation	Roślinność

Professions #1
Zawody # 1

Ambassadeur	Ambasador
Artiste	Artysta
Astronome	Astronom
Avocat	Prawnik
Banquier	Bankier
Bijoutier	Jubiler
Cartographe	Kartograf
Chasseur	Myśliwy
Danseur	Tancerz
Entraîneur	Trener
Éditeur	Redaktor
Géologue	Geolog
Infirmière	Pielęgniarka
Médecin	Lekarz
Musicien	Muzyk
Pianiste	Pianista
Plombier	Hydraulik
Pompier	Strażak
Psychologue	Psycholog
Scientifique	Naukowiec

Professions #2
Zawody # 2

Astronaute	Astronauta
Bibliothécaire	Bibliotekarz
Biologiste	Biolog
Chercheur	Badacz
Chirurgien	Chirurg
Dentiste	Dentysta
Détective	Detektyw
Enseignant	Nauczyciel
Illustrateur	Ilustrator
Ingénieur	Inżynier
Inventeur	Wynalazca
Jardinier	Ogrodnik
Journaliste	Dziennikarz
Linguiste	Językoznawca
Médecin	Lekarz
Peintre	Malarz
Philosophe	Filozof
Photographe	Fotograf
Pilote	Pilot
Zoologiste	Zoolog

Psychologie
Psychologia

Clinique	Kliniczny
Comportement	Zachowanie
Conflit	Konflikt
Ego	Ego
Enfance	Dzieciństwo
Expériences	Doświadczenia
Émotions	Emocje
Évaluation	Ocena
Idées	Pomysły
Inconscient	Nieprzytomny
Pensées	Myśli
Perception	Postrzeganie
Personnalité	Osobowość
Problème	Problem
Rendez-Vous	Spotkanie
Réalité	Rzeczywistość
Rêves	Marzenia
Sensation	Uczucie
Subconscient	Podświadomy
Thérapie	Terapia

Randonnée
Turystyka Piesza

Animaux	Zwierząt
Bottes	Buty
Camping	Kemping
Carte	Mapa
Climat	Klimat
Eau	Woda
Falaise	Klif
Fatigué	Zmęczony
Guides	Przewodniki
Lourd	Ciężki
Météo	Pogoda
Montagne	Góra
Nature	Natura
Orientation	Orientacja
Parcs	Parki
Pierres	Kamienie
Préparation	Przygotowanie
Sauvage	Dziki
Soleil	Słońce
Sommet	Szczyt

Remplir
Do Wypełnienia

Baril	Beczka
Bassin	Basen
Boîte	Pudełko
Bouteille	Butelka
Caisse	Skrzynia
Carton	Karton
Dossier	Folder
Enveloppe	Koperta
Navire	Naczynie
Panier	Kosz
Paquet	Pakiet
Plateau	Taca
Poche	Kieszeń
Pot	Słoik
Sac	Torba
Seau	Wiadro
Tiroir	Szuflada
Tube	Rura
Valise	Walizka
Vase	Wazon

Restaurant #2
Restauracja # 2

Apéritif	Przystawka
Boisson	Napój
Chaise	Krzesło
Cuillère	Łyżka
Délicieux	Pyszny
Dîner	Obiad
Eau	Woda
Épices	Przyprawy
Fourchette	Widelec
Fruit	Owoc
Gâteau	Ciasto
Glace	Lód
Légumes	Warzywa
Nouilles	Makaron
Oeuf	Jaja
Poisson	Ryba
Salade	Sałatka
Sel	Sól
Serveur	Kelner
Soupe	Zupa

Santé et Bien-Être #1
Zdrowie i Wellness # 1

Actif	Aktywny
Bactéries	Bakteria
Clinique	Klinika
Faim	Głód
Fracture	Złamanie
Habitude	Nawyk
Hauteur	Wysokość
Hormone	Hormony
Médecin	Lekarz
Médicament	Medycyna
Muscles	Mięśnie
Os	Kości
Peau	Skóra
Pharmacie	Apteka
Posture	Postawa
Relaxation	Relaks
Réflexe	Odruch
Thérapie	Terapia
Traitement	Leczenie
Virus	Wirus

Santé et Bien-Être #2
Zdrowie i Wellness # 2

Allergie	Alergia
Anatomie	Anatomia
Appétit	Apetyt
Calorie	Kaloria
Corps	Ciało
Déshydratation	Odwodnienie
Diète	Dieta
Énergie	Energia
Génétique	Genetyka
Hôpital	Szpital
Hygiène	Higiena
Infection	Infekcja
Maladie	Choroba
Massage	Masaż
Nutrition	Odżywianie
Poids	Waga
Sain	Zdrowy
Sang	Krew
Stress	Stres
Vitamine	Witamina

Science
Nauki Ścisłe

Atome	Atom
Chimique	Chemiczny
Climat	Klimat
Données	Dane
Expérience	Eksperyment
Évolution	Ewolucja
Fait	Fakt
Fossile	Skamieniałość
Gravité	Grawitacja
Hypothèse	Hipoteza
Laboratoire	Laboratorium
Méthode	Metoda
Minéraux	Minerały
Molécules	Cząsteczki
Nature	Natura
Observation	Obserwacja
Organisme	Organizm
Particules	Cząstki
Physique	Fizyka
Scientifique	Naukowiec

Science-Fiction
Fantastyka Naukowa

Atomique	Atomowy
Cinéma	Kino
Explosion	Wybuch
Extrême	Skrajny
Fantastique	Fantastyczny
Feu	Ogień
Futuriste	Futurystyczny
Galaxie	Galaktyka
Illusion	Iluzja
Imaginaire	Wyimaginowany
Livres	Książki
Monde	Świat
Mystérieux	Tajemniczy
Oracle	Wyrocznia
Planète	Planeta
Réaliste	Realistyczny
Robots	Roboty
Scénario	Scenariusz
Technologie	Technologia
Utopie	Utopia

Sport
Sport

Athlète	Atleta
Capacité	Zdolność
Corps	Ciało
Cyclisme	Kolarstwo
Danse	Taniec
Diète	Dieta
Endurance	Wytrzymałość
Entraîneur	Trener
Force	Siła
Jogging	Jogging
Maximiser	Wyolbrzymiać
Métabolique	Metaboliczne
Muscles	Mięśnie
Nager	Pływać
Nutrition	Odżywianie
Objectif	Cel
Os	Kości
Programme	Program
Santé	Zdrowie
Sports	Sporty

Temps
Czas

Année	Rok
Annuel	Roczne
Après	Po
Avant	Przed
Bientôt	Wkrótce
Calendrier	Kalendarz
Décennie	Dekada
Futur	Przyszłość
Heure	Godzina
Hier	Wczoraj
Horloge	Zegar
Jour	Dzień
Maintenant	Teraz
Matin	Rano
Midi	Południe
Minute	Minuta
Mois	Miesiąc
Nuit	Noc
Semaine	Tydzień
Siècle	Stulecie

Types de Cheveux
Rodzaje Włosów

Argent	Srebro
Blanc	Biały
Blond	Blond
Boucles	Loki
Brillant	Błyszczący
Chauve	Łysy
Coloré	Kolorowe
Court	Krótki
Doux	Miękki
Épais	Gruby
Frisé	Kręcone
Gris	Szary
Long	Długie
Marron	Brązowy
Mince	Cienki
Noir	Czarny
Ondulé	Falisty
Sain	Zdrowy
Sec	Suchy
Tressé	Pleciony

Univers
Wszechświat

Astéroïde	Asteroida
Astronome	Astronom
Astronomie	Astronomia
Atmosphère	Atmosfera
Céleste	Niebiański
Ciel	Niebo
Cosmique	Kosmiczny
Éon	Eon
Équateur	Równik
Galaxie	Galaktyka
Hémisphère	Półkula
Horizon	Horyzont
Lune	Księżyc
Obscurité	Ciemność
Orbite	Orbita
Solaire	Słoneczny
Solstice	Przesilenie
Télescope	Teleskop
Visible	Widoczny
Zodiaque	Zodiak

Vacances #2
Wakacje # 2

Aéroport	Lotnisko
Camping	Kemping
Carte	Mapa
Étranger	Cudzoziemiec
Hôtel	Hotel
Île	Wyspa
Loisir	Wypoczynek
Mer	Morze
Passeport	Paszport
Photos	Zdjęcia
Plage	Plaża
Restaurant	Restauracja
Réservations	Rezerwacje
Taxi	Taxi
Tente	Namiot
Train	Pociąg
Transport	Transport
Vacances	Wakacje
Visa	Wiza
Voyage	Podróż

Véhicules
Pojazdy

Ambulance	Ambulans
Avion	Samolot
Bateau	Łódź
Bus	Autobus
Camion	Ciężarówka
Caravane	Karawana
Ferry	Prom
Fusée	Rakieta
Hélicoptère	Śmigłowiec
Métro	Metro
Moteur	Silnik
Pneus	Opony
Radeau	Tratwa
Scooter	Skuter
Sous-Marin	Łódź Podwodna
Taxi	Taxi
Tracteur	Ciągnik
Train	Pociąg
Vélo	Rower
Voiture	Samochód

Vêtements
Ubrania

Bracelet	Bransoletka
Ceinture	Pas
Chapeau	Kapelusz
Chaussure	But
Chemise	Koszula
Chemisier	Bluza
Collier	Naszyjnik
Foulard	Szalik
Gants	Rękawiczki
Jeans	Dżinsy
Jupe	Spódnica
Manteau	Płaszcz
Mode	Moda
Pantalon	Spodnie
Pull	Sweter
Pyjama	Piżama
Robe	Sukienka
Sandales	Sandały
Tablier	Fartuch
Veste	Kurtka

Ville
Miasto

Aéroport	Lotnisko
Banque	Bank
Bibliothèque	Biblioteka
Boulangerie	Piekarnia
Cinéma	Kino
Clinique	Klinika
École	Szkoła
Fleuriste	Kwiaciarz
Galerie	Galeria
Hôtel	Hotel
Librairie	Księgarnia
Marché	Rynek
Musée	Muzeum
Pharmacie	Apteka
Restaurant	Restauracja
Stade	Stadion
Supermarché	Supermarket
Théâtre	Teatr
Université	Uniwersytet
Zoo	Zoo

Félicitations

Vous avez réussi !

Nous espérons que vous avez apprécié ce livre autant que nous avons pris plaisir à le concevoir. Nous faisons de notre mieux pour créer des livres de la meilleure qualité possible.
Cette édition est conçue pour permettre un apprentissage intelligent et de qualité en se divertissant !

Vous avez aimé ce livre ?

Une Simple Demande

Nos livres existent grâce aux avis que vous publiez. Pourriez-vous nous aider en laissant un avis maintenant ?

Voici un lien rapide qui vous mènera à votre
page d'évaluation de vos commandes :

BestBooksActivity.com/Avis50

CHALLENGE FINAL !

Défi n°1

Êtes-vous prêt pour votre jeu bonus ? Nous les utilisons tout le temps mais ils ne sont pas si faciles à trouver. Voici les **Synonymes** !

Notez 5 mots que vous avez trouvés dans les puzzles notés ci-dessous (n°21, n°36, n°76) et essayez de trouver 2 synonymes pour chaque mot.

Notez 5 Mots du **Puzzle 21**

Mots	Synonyme 1	Synonyme 2

Notez 5 Mots du **Puzzle 36**

Mots	Synonyme 1	Synonyme 2

Notez 5 Mots du **Puzzle 76**

Mots	Synonyme 1	Synonyme 2

Défi n°2

Maintenant que vous vous êtes échauffé, notez 5 mots que vous avez découverts dans les Puzzles n° 9, n° 17, n° 25 et essayez de trouver 2 antonymes pour chaque mot. Combien pouvez-vous en trouver en 20 minutes ?

Notez 5 Mots du **Puzzle 9**

Mots	Antonyme 1	Antonyme 2

Notez 5 Mots du **Puzzle 17**

Mots	Antonyme 1	Antonyme 2

Notez 5 Mots du **Puzzle 25**

Mots	Antonyme 1	Antonyme 2

Défi n°3

Formidable ! Ce défi final n'est rien pour vous.

Prêt pour le dernier défi ? Choisissez 10 mots que vous avez découverts parmi les différents puzzles et notez-les ci-dessous.

1.	6.
2.	7.
3.	8.
4.	9.
5.	10.

Maintenant, composez un texte en pensant à une personne, un animal ou un lieu que vous aimez !

Astuce: Vous pouvez utiliser la dernière page de ce livre comme brouillon !

Votre Composition :

_____

_____

_____

_____

_____

_____

_____

CARNET DE NOTES :

À TRÈS BIENTÔT !

Toute l'équipe

DECOUVREZ DES JEUX GRATUITS

GO

↓

BESTACTIVITYBOOKS.COM/FREEGAMES